Mein Mac als Fotoatelier

So werden aus Fotos schöne Bilder

Ulrich Borstelmann

Bibliografische Information der Deutschen Nationalibliothek:
Die Deutsche Nationalbibliothek verzeichnet diese Publikation in der
Deutschen Nationalbibliografie; detaillierte bibliografische Daten
sind im Internet über http://dnb.d-nb.de abrufbar.

Die Informationen in diesem Produkt werden ohne Rücksicht auf einen eventuellen Patentschutz
veröffentlicht.
Warennamen werden ohne Gewährleistung der freien Verwendbarkeit benutzt.
Bei der Zusammenstellung von Texten und Abbildungen wurde mit größter Sorgfalt vorgegangen.
Trotzdem können Fehler nicht vollständig ausgeschlossen werden. Verlag, Herausgeber und
Autoren können für fehlerhafte Angabenund deren Folgen weder eine juristische Verantwortung
noch irgendeine Haftung übernehmen. Für Verbesserungsvorschläge und Hinweise auf Fehler
sind Verlag und Herausgeber dankbar.

Alle Rechte vorbehalten, auch die der fotomechanischen Wiedergabe und der
Speicherung in elektronischen Medien.
Die gewerbliche Nutzung der in diesem Produkt gezeigten Modelle und Arbeiten
ist nicht zulässig.

Fast alle Hardware- und Softwarebezeichnungen und weitere Stichworte und sonstige
Angaben, die in diesem Buch verwendet werden, sind als eingetragene Marken geschützt.
Da es nicht möglich ist, in allen Fällen zeitnah zu ermitteln, ob ein Markenschutz besteht,
wird das ®-Symbol in diesem Buch nicht verwendet.

Umwelthinweis:
Dieses Buch wurde auf chlorfrei gebleichtem Papier gedruckt.
Um Rohstoffe zu sparen, haben wir auf Folienverpackung verzichtet.

10 9 8 7 6 5 4 3 2 1

12 11 10

ISBN 978-3-8272-4525-0

© 2010 by Markt+Technik Verlag,
ein Imprint der Pearson Education Deutschland GmbH,
Martin-Kollar-Straße 10–12, D-81829 München/Germany
Alle Rechte vorbehalten
Einbandgestaltung: Marco Lindenbeck, mlindenbeck@webwo.de
Fotos: Walter Landsberg, Jan Spering, Ulrich Borstelmann
Lektorat: Birgit Ellissen, bellissen@pearson.de
Fachlektorat: Eva Ruhland
Korrektorat: Marita Böhm
Herstellung: Philipp Burkart, pburkart@pearson.de
Satz: Ulrich Borstelmann, Dortmund (www.borstelmann.de)
Sprachliches Korrektorat: Marita Böhm, München
Druck und Verarbeitung: Firmengruppe APPL, aprinta druck, Wemding
Printed in Germany

Verbringe die Zeit nicht mit
der Suche nach einem Hindernis.
Vielleicht ist keines da.
       Franz Kafka

Inhaltsverzeichnis

Vorwort 7

Kapitel 1: Rüstzeug 9

Die Fotoausrüstung 10
    Die Kamera 10
    Lichtfänger 12
    Es blitzt! 13
    Bodenständig 14
Der Mac 14
    Das Betriebssystem 15
    Software für die Bildbearbeitung 15
    Drucken 16
    Fotoscanner 17
    USB-Stick 17

Kapitel 2: Mit allen Sinnen fotografieren 19

Fotografisch sehen 20
    Anregungen zum fotografischen Sehen 23
Einige Gestaltungsaspekte beim Fotografieren 26
    Deutlichkeit 26
    Anordnung 29
    Format 30
    Perspektive 31
    Licht und Farbe 33
    Kontrast 36
    Rhythmus 38
    Ungezwungenheit 39
Die häufigsten Aufnahmefehler 40
    Falscher Hintergrund 40
    Falscher Bildausschnitt 41

Fehlender Maßstab für die Größenverhältnisse
auf dem Bild 42
Schlechte Wetter- oder Lichtverhältnisse 43
Zu viel auf dem Bild 44
Falscher Zeitpunkt 44
Unschärfe 46
Verwackelt 47
Messfehler 48
Stürzende Linien 49
Schiefer Horizont 50
Anregungen für die Motivsuche 51
Landschaft 51
Porträt 60
Nahaufnahmen 64
Architektur 67
Sachaufnahmen 74
Bewegte Aufnahmen 77
Der eigene Stil 81

Kapitel 3: Zauberei am Mac   83

iPhoto '09 84
Fütterungszeit 86
Das kriegen Sie wieder hin 92
Fotos mit dem Mac fantasievoll gestalten 109
Photoshop Elements für Ehrgeizige 113
Fotos in Photoshop Elements öffnen 117
Effekte auf ein Foto anwenden 117
Schnelle Farbkorrektur 120
Unterstützung durch den Assistenten 122
Stürzende Linien korrigieren 123
Panoramafotografie 128

Inhaltsverzeichnis

Kapitel 4: Unterkunft — 135

So viele Bilder! 136
    Ein neues Album anlegen 138
    Noch pfiffiger: ein intelligentes Album anlegen 139
    Einen Ordner anlegen 141
    Das kann weg! 142
Und ich finde dich doch … 142
    Fotos mit Informationen versehen 142
    Fotos suchen 146
    Ortsbestimmung 147
    Das Gesicht kenne ich! 156
Take-away 166
    Fotos auf CD oder DVD brennen 166
    Fotos von einer Archiv-CD/DVD importieren 168
    Fotos exportieren 168
    Bilder auf einen USB-Stick speichern 171

Kapitel 5: Groß rauskommen — 173

Bilderschau am Mac 174
    Vollbildmodus 174
    Fotos in einer Diashow zeigen 175
    Ein eigenes Diashow-Projekt erstellen 183
Handfestes 187
    Fotos selbst ausdrucken 187
    Papierabzüge online bestellen 192
    Formvollendete Erinnerungen 194
E-Mail für gute Freunde 204
Das sollen alle sehen 208
    Flickr und Facebook 208
    MobileMe 210
    Fotos auf den iPod oder das iPhone übertragen 211

Anhang 214
    iPhoto anpassen 214
    Dateiformate 217
Stichwortverzeichnis 220

Vorwort

Natürlich hatte meine Lektorin mich gewarnt: „Bücher über Fotografie gibt's wie Sand am Meer …"

Wenn aber ein Mac mit ins Spiel kommt, ist es doch noch mal ein bisschen anders. Denn Fotografieren und einen Mac verwenden – das ist eine wunderbare Verbindung, und mich reizt einfach der freundliche Dreiklang aus Mensch, Kamera und Mac.

Sie finden deshalb in diesem Buch sehr Handfestes, zum Beispiel einen Ausflug in die Fototechnik, die wichtigsten Regeln der Bildgestaltung oder Anleitungen zur nachträglichen Bearbeitung Ihrer Fotos am Mac. Um aber wirklich gute Fotos mit Kamera und Mac machen zu können, braucht es darüber hinaus auch ein bisschen Herz und Seele bei der Sache. Und es wäre kein Buch aus der Reihe „Mein Mac", wenn dieser Aspekt nicht genauso zur Sprache käme.

Zum Schluss noch ein Hinweis zu den Voraussetzungen: Dies ist ein Einsteigerbuch, erste Schritte am Mac sollten Sie aber beherrschen.

Ich wünsche Ihnen viele kreative und begeisternde Momente hinter der Kamera und vor Ihrem Mac.

Ulrich Borstelmann

Denn es ist zuletzt doch nur der Geist, der jede Technik lebendig macht.
  Johann Wolfgang von Goethe

Kapitel 1

Rüstzeug

Klar, dass Sie gleich loslegen wollen. Voraussetzung für ein Mac-Fotoatelier sind eine Kamera und – ein Mac. In diesem Kapitel erfahren Sie, welche Kamera- und Objektivtypen es gibt und was Ihr Mac mitbringen sollte, damit Ihre Fotos gut aufgehoben sind.

> **Analog/digital**
> Bei der analogen Fotografie wird eine lichtempfindliche Schicht auf einem Film von der Kamera belichtet und dieser anschließend im Labor entwickelt und fixiert.
> Eine digitale Fotokamera speichert die Bilddaten elektronisch auf einem Speicherchip in der Kamera, die dann z.B. auf den Computer übertragen werden können.

Die Fotoausrüstung

Fotografieren ist unkompliziert geworden. Vorbei sind die Zeiten, in denen man große und schwere Plattenkameras zum Aufnahmeort schleppen oder mit Chemikalien in Dunkelkammern hantieren musste. Natürlich hat sich die sogenannte analoge Fotografie im Laufe der Jahrzehnte weiterentwickelt, und es gibt auch heute noch Fotografen, die ihre Fotos auf einen Film bannen, aber die digitale Fotografie hat sich eindeutig durchgesetzt. Wenn heute von einer modernen Fotokamera gesprochen wird, so ist fast immer eine Digitalkamera gemeint.

Begleiten Sie mich im Folgenden auf einem kleinen Rundgang, bei dem Sie die wichtigsten Bestandteile einer Fotoausrüstung kennenlernen werden. Dabei müssen Sie übrigens keine Angst haben, mit zu viel theoretischer Fototechnik und Physik gelangweilt zu werden.

Die Kamera

Ansprechende Bilder kann man mit einer vollautomatischen Kompaktkamera genauso machen wie mit einer professionellen Spiegelreflexkamera mit auswechselbaren Objektiven.

Wenn Sie eine Kompaktkamera mit einem festen Objektiv besitzen, brauchen Sie sich um weiteres Zubehör nicht zu kümmern. Alles, was Sie zum Fotografieren benötigen, ist bereits an Bord. Ein Blick durch den Sucher, eventuell das Aufnahmeobjekt mit dem Zoom heranholen und dann den Auslöseknopf drücken. Die Kamera verfügt über ein sogenanntes Autofokus-Objektiv, stellt damit das anvisierte Objekt automatisch scharf, und sorgt auch gleich für die richtige Belichtungseinstellung.

Beispiel für eine Kompaktkamera mit variablem Objektiv (Quelle: Canon)

Die Fotoausrüstung

Vielleicht protestieren Sie jetzt und denken: Moment mal, bei mir sind längst nicht alle Fotos scharf geworden, und das ein oder andere ist viel zu dunkel (oder zu hell). Sie haben natürlich recht, die Praxis sieht gelegentlich anders aus, als der Werbetext einer Kamera verspricht. In einem späteren Kapitel erfahren Sie jedoch, wie Sie auch schwierigere Aufnahmesituationen meistern oder Ihre Fotos in einer nachträglichen Bearbeitung an Ihrem Mac aufbessern können.

Wesentlich mehr Gestaltungsmöglichkeiten (aber nach dem Kauf auch ein größeres Loch im Geldbeutel) haben Sie mit einer Spiegelreflexkamera. Die digitale Version hört auf den schönen Namen DSLR-Kamera und besteht aus dem Kameragehäuse und einem Objektiv.

> **DSLR**
> Abkürzung für
> »Digital Single
> Lens Reflex«

In der nachfolgenden Abbildung sehen Sie wegen des fehlenden Objektivs den Spiegel, der der Kamera ihren Namen gibt. Das Licht gelangt durch das Objektiv in die Kamera und wird dort über den Spiegel in den Sucher umgelenkt. Das klingt zwar nicht besonders aufregend, sorgt aber für einen wichtigen Vorteil dieser Bauform: Sie sehen Ihr Motiv im Sucher genauso, wie es später auf dem Chip der Kamera gespeichert wird.

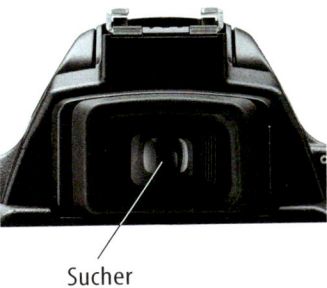

Sucher

Spiegel

Kameragehäuse einer Spiegelreflexkamera (Quelle: Nikon)

Lichtfänger

Entscheidend für die optische Qualität einer Kamera ist in erster Linie nicht das Kameragehäuse, sondern die Güte des verwendeten Objektivs. Gerade bei den Objektiven für Spiegelreflexkameras gibt es ein riesiges Angebot auf dem Markt.

Weil die Objektivauswahl großen Einfluss auf die Wirkung eines Fotos hat, stelle ich Ihnen hier die wichtigsten Objektivarten und deren bevorzugtes Einsatzgebiet kurz vor. Dabei beziehen sich die mm-Angaben der Brennweite auf eine digitale Spiegelreflexkamera mit gängiger Sensorgröße.

Objektive werden zunächst unterschieden in Objektive mit fester Brennweite und Zoomobjektive (die kennen Sie vielleicht schon von der Kompaktkamera).

Objektive mit fester Brennweite

Objektive mit einer Brennweite von 14 bis 20 mm werden als *Weitwinkelobjektive* bezeichnet und kommen vor allem bei Innenaufnahmen und bei der Landschaftsfotografie zum Einsatz. Sie besitzen große Lichtstärke und Schärfentiefe.

Eine Brennweite von etwa 35 mm kennzeichnet das *Normalobjektiv* und bildet damit ein Motiv entsprechend der menschlichen Wahrnehmung ab.

Nicht immer können (oder wollen) Sie sich einem Aufnahmeobjekt beliebig annähern. Dann ist das *Teleobjektiv* genau das Richtige. Mit seiner längeren Brennweite (50 bis 300 mm) holt es das Motiv näher heran und stellt es deutlich vergrößert dar. Allerdings nimmt bei diesen Objektiven die Schärfentiefe mit zunehmender Brennweite stark ab, und auch die Lichtstärke ist schwächer als bei einem Normalobjektiv. Ein kurzes Teleobjektiv von 50 bis 100 mm Brennweite ist besonders gut für Porträtaufnahmen geeignet.

> **Schärfentiefe**
> Der Bereich vor und hinter einem fokussierten Objekt, in dem ein aufgenommenes Bild scharf dargestellt wird.

Objektiv mit fester Brennweite (Quelle: Nikon)

Anhand der Baulänge eines Objektivs können Sie übrigens abschätzen, um was für ein Objektiv es sich handelt:
Kurzes Objektiv = kurze Brennweite = Weitwinkelobjektiv
Langes Objektiv = lange Brennweite = Teleobjektiv

Zoomobjektive

Objektive mit variabler Brennweite hören auf den Namen *Zoomobjektive*, wobei das vom engl. *zoom* = heranholen herrührt. Ein Dreh am Objektivring vergrößert oder verkleinert die Brennweite und holt das Motiv näher heran oder „schiebt" es weiter weg. Der Vorteil dieser Art von Objektiven ist natürlich die leichtere Handhabung, wenn Sie auf Fototour sind: Sie brauchen nicht mehrere Ojektive mitzuschleppen und sind – je nach Ausführung – für die wichtigsten Aufnahmesituationen gewappnet. Besonders beliebt sind deshalb Zoomobjektive mit einem Brennweitenbereich von 18 bis 200 mm, die dann Weitwinkel-, Normal- und Teleobektiv in einem sind.
Es gibt aber auch Bauformen, die z. B. nur einen Weitwinkel- (18–35 mm) oder einen Telebereich (70–200 mm) abdecken.

Zoomobjektiv mit 18–200 mm Brennweite (Quelle: Nikon)

Es blitzt!

Die meisten Digitalkameras haben ein eingebautes Blitzlicht, das bei der Aufnahme aktiviert werden kann, um ein dunkles Objekt im Vordergrund (innerhalb gewisser Grenzen) aufzuhellen. Leistungsstärker sind allerdings externe, aufsteckbare Blitzgeräte, bei denen man zusätzlich auch den Blitzreflektor nach oben oder zur Seite schwenken kann und die so indirektes Blitzen ermöglichen. Beim indirekten Blitzen richten Sie das Blitzlicht gegen die (möglichst weiße) Decke oder Wand und erzeugen so eine diffuse Reflexion, die das Licht weicher erscheinen lässt.

Externes Blitzgerät (Quelle: Nikon)

Die Reichweite des zusätzlichen Kunstlichts hängt von der Leistung des jeweiligen Gerätes ab. Grob kann man sagen, dass Sie Objekte, die sich bis etwa 4 Meter von der Kamera weg befinden, noch ausreichend ausleuchten können. Vor allem bei Innenaufnahmen und zum Aufhellen harter Schatten (z. B. bei Aufnahmen in der Mittagssonne) ist das Blitzlicht ein wichtiges Hilfsmittel.

Bodenständig

Wenn die gegebenen Lichtverhältnisse als eher schwach bezeichnet werden müssen oder wenn ein extremes Teleobjektiv mit langer Brennweite verwendet wird, empfiehlt sich der Einsatz eines Stativs. Denn in diesen Fällen ist die benötigte Belichtungszeit zu lang, um verwacklungsfreie Bilder aus freier Hand zu machen. Stative gibt es groß und stabil (und damit unhandlich) oder klein und stabil (dann nennt es sich Ministativ). Ministative sind zum Mitnehmen für unterwegs sehr praktisch und für die meisten Zwecke völlig ausreichend.

Ministativ (Quelle: Hama)

Der Mac

Jetzt kommt der Mac zum Einsatz! Es gibt kaum einen besseren Ort für Ihre Fotos, nachdem Sie erfolgreich von einer Fototour zurückgekommen sind. Zwar ist das Display der Kamera für eine erste Schnelldurchsicht der Aufnahmen ganz nützlich, aber so richtig zur Geltung kommen sie erst am Bildschirm des Mac. Darüber hinaus hilft er Ihnen, Ihre Bilder auch noch nach der Aufnahme zu verbessern und eventuelle Aufnahmefehler zu korrigieren.

Es gibt eine recht große Modellpalette von Apple-Rechnern, aber es ist für Ihr Fotostudio nicht entscheidend, ob Ihr Mac nun ein iMac, ein MacBook, ein Mac mini oder sogar ein Mac Pro ist. Wichtiger ist die darauf installierte Software, um mit ihm zu arbeiten.

Das Betriebssystem

Herzstück eines jeden Computers ist das sogenannte Betriebssystem, ohne das Ihr Mac nicht lebensfähig ist und wirklich gar nichts geht. Beim Mac heißt diese wichtige Software *Mac OS X*. Auch hier gibt es verschiedene Versionen, die alle nach Raubkatzen benannt sind: Panther, Tiger oder Leopard. Damit Sie alle Übungen mit den in diesem Buch verwendeten Programmen (vor allem iPhoto '09) nachvollziehen können, müssen Sie allerdings eine neuere Version von Leopard (mindestens 10.5.6) auf Ihrem Mac installiert haben. Die aktuellste Programmversion ist Snow Leopard (10.6). Sollten Sie einen etwas älteren Mac mit dem Betriebssystem Tiger (Version 10.4) oder Panther (Version 10.3) besitzen, dann wird auf Ihrem Rechner nicht die aktuelle Version von iLife vorhanden sein. In diesem Fall stehen Ihnen einige Funktionen der neueren Version nicht zur Verfügung.

Software für die Bildbearbeitung

Die neueren Macs werden von Haus aus mit einem sehr mächtigen Programmpaket ausgeliefert: iLife '09. Wie eben schon erwähnt, benötigt diese Software das Betriebssystem Leopard. Für den Mac als Fotoatelier werden Sie in einem späteren Kapitel das Programm *iPhoto '09* genauer kennenlernen. Mit iPhoto können Sie Ihre digitalen Fotos sehr komfortabel auf dem Mac verwalten, organisieren und präsentieren.

Für ganz Ehrgeizige gibt es die Möglichkeit, mit dem Programm *Photoshop Elements* von Adobe zu arbeiten und damit noch weitreichendere Funktionen der Bildbearbeitung zu nutzen. Die interessantesten werde ich Ihnen später ebenfalls kurz vorstellen.

Wichtigster Bestandteil des umfangreichen Programmpakets iLife '09 für das Fotoatelier am Mac ist das Programm iPhoto. Darüber hinaus gibt es in diesem Paket auch noch iMovie (Filmerstellung), iWeb (Webseitenerstellung), Garageband (eigene Musik komponieren) und iDVD (Filme und Diashows auf DVD bringen).

Kapitel 1   Rüstzeug

Drucken

Hin und wieder möchte man seine schönsten Bilder nicht nur digital am Bildschirm betrachten, sondern auch richtig in der Hand halten können. Daher sollte ein Drucker an Ihrem Mac nicht fehlen. Das Angebot ist fast unüberschaubar, wobei Farbtintenstrahldrucker besonders beliebt sind. Mit solchen Druckern lassen sich Ausdrucke Ihrer Fotos auf speziell beschichtetem Fotopapier in ausreichender Qualität erzielen. Allerdings dürfen Sie keine hohen Erwartungen an die Langlebigkeit der Ausdrucke stellen, da die wasserlöslichen Tinten nicht lichtecht sind und relativ schnell ausbleichen. Für professionelle und dauerhaftere Ausdrucke, die auch Archivansprüchen genügen, sollte es ein – in Anschaffung und Unterhalt nicht ganz billiger – Pigment-Fotodrucker sein. Wem das zu kostspielig ist, dem bleibt nur der Weg ins Fotolabor, um dort seine Abzüge machen zu lassen.

Farbtintenstrahldrucker (Quelle: Hewlett-Packard)

Pigment-Fotodrucker (Quelle: Epson)

Fotoscanner

Vielleicht haben Sie noch irgendwo ein Fotoalbum oder einen Karton mit alten Papierfotos. Auch solche Fotos können Sie auf Ihren Mac bringen, um sie am Bildschirm zu zeigen oder um sie nachträglich zu bearbeiten. Dafür benötigen Sie einen sogenannten Scanner, den Sie an Ihren Mac anschließen können: Sie lesen die Bildinformationen ein und wandeln sie in digitale Daten um, die Ihr Mac verstehen kann. Die heute gebräuchlichen Flachbettscanner besitzen vielfach zusätzlich eine Durchsichteinheit, mit der Sie auch Dia-Positive oder Film-Negativstreifen einscannen können.

*Flachbettscanner
(Quelle: Hewlett-Packard)*

USB-Stick

Ein USB-Speicherstick ist eine überaus praktische Sache und wird einfach an den USB-Anschluss des Mac angeschlossen. Dieses Speichermedium in einem kompakten Gehäuse gibt es in verschiedenen Kapazitäten und dient dem komfortablen Speichern und Austauschen von Daten. So können Sie Ihre Bilddaten schnell auf einen solchen Stick laden und in der Hosentasche zu einem anderen Rechner mitnehmen.

(Quelle: Sharkoon)

Nichts Schöneres als eine ernste Seele,
die, was sie schaut, gelassen andern spiegelt
und alle Kraft, die reich ihr innewohnt,
allein ins Leuchten dieses Spiegels legt.

                                  Christian Morgenstern

Kapitel 2

Mit allen Sinnen fotografieren

In diesem Kapitel erfahren Sie, wie Sie Ihre Idee von einer Aufnahme in ein gutes Foto umsetzen. Sie erhalten Anregungen, um die häufigsten Aufnahmefehler zu vermeiden und gute Motive mit fotografischem Blick zu erkennen.

Fotografisch sehen

Vielleicht gerade wegen der fantastischen technischen Möglichkeiten, die die moderne Digitalfotografie verspricht, vergisst man leicht, dass zu einem guten Foto mehr gehört als das Drücken des Auslöseknopfes.

Natürlich sind Fragen nach dem optimalen Objektiv, dem vorhandenen Licht oder auch dem gewählten Bildformat wichtig. Der innere Prozess, der von der Bildidee zum guten Foto führt, beginnt aber viel früher, und zwar im Kopf.

Stellen Sie sich einmal vor, Sie stehen an einem Strand an der Nordsee, das stürmische Wetter peitscht das Wasser auf, Sie schmecken das Salz auf Ihren Lippen, Sie hören die Möwen kreischen und Sie spüren die enorme Weite des Meeres …
Wie gut, dass Sie Ihre Kamera dabeihaben! Sie schauen durch den Sucher und machen mit einem Weitwinkelobjektiv schnell eine Aufnahme.

Wenn Sie dann später das Foto am Bildschirm betrachten, wirkt die Szene vielleicht ein wenig langweilig und leblos. Da war doch noch was? Natürlich, da waren die vielen kleinen Details, die auf dem Foto nicht zu sehen sind: Geräusche, Gerüche, Stimmungen ...

Mit diesem kleinen Beispiel möchte ich Ihnen verdeutlichen, dass die Kamera oftmals ganz anders wahrnimmt als der Fotograf dahinter. Die Kamera ist nicht ohne Weiteres in der Lage, alle Sinnesempfindungen, die Ihnen beim Betrachten eines Motivs ganz selbstverständlich erscheinen, umzusetzen. Es ist immer nur die visuelle Information, die die Kamera festhalten kann.

Das klingt zunächst ernüchternd, aber genau dieser Umstand macht das Fotografieren ja so spannend und kreativ. Die Herausforderung bei diesem Meeresmotiv besteht gerade darin, die während der Aufnahme bewussten Sinneseindrücke bildhaft umzusetzen, sodass sie beim späteren Betrachten des Fotos wieder hervorgerufen werden.

Fotografisch sehen

Brennweite: 60 mm, Belichtungszeit: 1/200 Sek., Blende: 16, ISO 200

Kapitel 2 Mit allen Sinnen fotografieren

Wie kommt man nun zu einem guten Foto? Um ein lohnendes Motiv zu erkennen und ansprechend und spannend umzusetzen, muss man sozusagen fotografisch sehen können. Dies ist zunächst natürlich eine kreative und künstlerische Fähigkeit, aber es gehört auch ein gutes Stück Handwerk dazu, und das lässt sich prima üben und erlernen. Eine vollständige Fotolehre würde natürlich bei weitem den Rahmen dieses Buchs sprengen, aber die wichtigsten Aspekte werden Sie in diesem Kapitel kennenlernen. Wenn Sie die nachfolgenden Anregungen beherzigen und dann noch Ihrer eigenen Intuition vertrauen, werden Sie schon bald deutlich bessere Fotos machen.

Brennweite: 70 mm, Belichtungszeit: 1/4000 Sek., Blende: 5,6, ISO 100

Anregungen zum fotografischen Sehen

1. Wenn Sie den Schritt vom Knipsen zum Fotografieren machen wollen, ist zunächst einmal ein echtes **Interesse am Motiv** unbedingt erforderlich. Nur das, was Sie wirklich interessiert, können Sie auch richtig sehen. Dann sehen Sie das Motiv nicht nur mit Ihren Augen, sondern können sich auch vorstellen, wie man das Motiv bildlich darstellen könnte.

2. Lassen Sie Ihre **Fantasie** spielen. Geben Sie sich nicht gleich mit dem ersten Aufnahmestandpunkt zufrieden, sondern verändern Sie Ihre Position. Gehen Sie z. B. in die Hocke oder bewegen Sie sich näher an Ihr Motiv heran. Auch das Probieren eines anderen Aufnahmewinkels oder eines veränderten Bildausschnitts macht oft aus einem langweiligen ein interessantes Bild.

3. Vor dem Drücken des Auslöseknopfs sollten Sie sich darüber klar sein, welche **Aussage** Sie eigentlich mit Ihrem Foto machen möchten. Was soll der Inhalt des Bildes sein? Möchten Sie eine Stimmung wiedergeben oder wollen Sie die ungewöhnliche Form eines Motivs bildlich festhalten? Bestimmen Sie für sich vor dem Auslösen das wirklich Relevante der Aufnahmesituation.

4. Das Motiv soll für den Betrachter gut **erkennbar** sein. Bilden Sie es groß genug ab und folgen Sie der alten Fotografenregel: Ran ans Motiv! Auch ein störender Bildhintergrund kann die gewünschte gute Erkennbarkeit schnell verhindern.

5. Ein ganz wichtiges Gestaltungsmittel beim Fotografieren hört sich einfach an, wird aber oft außer Acht gelassen: **Überflüssiges weglassen**. Vermeiden Sie die berühmten Wimmelbilder, bei denen der Betrachter nicht erkennt, was Sie eigentlich fotografieren wollten. Wenn Sie sich auf das Wesentliche (nämlich Ihr Motiv, und nur dieses) konzentrieren, kommt es deutlich stärker zur Geltung.

6. Versuchen Sie einmal ganz bewusst, von Ihrem Motiv **nur eine einzige Aufnahme** zu machen. Ich weiß, das fällt im digitalen Zeitalter schwer, wo es doch die Löschtaste an der Kamera oder den Papierkorb auf dem Desktop des Mac gibt. Aber auf diese Weise zwingen Sie sich, die Aufnahme besser vorzubereiten und so das für Sie Wichtige bildhaft-attraktiv in Szene zu setzen.

7. Eine gute Übung: Halten Sie sich **ein Auge zu** und betrachten Sie Ihr Motiv (ohne Kamera) mit nur einem Auge. Sie können dann nicht mehr perspektivisch sehen und nehmen Ihr Motiv so wahr wie Ihre Kamera. Dies hat deutliche Veränderungen in der Bildwahrnehmung zur Folge: Der räumliche Eindruck verschwindet, und Sie sehen das Motiv nur noch flächig. Dadurch können Sie Formen besser erkennen und bemerken auf einmal Beziehungen zwischen einzelnen Bildbestandteilen, die Sie sonst vielleicht nicht wahrgenommen hätten.

8. Noch eine gute Übung (und zwar meine liebste): Vergessen Sie einmal den Sucher an Ihrer Kamera. Stattdessen basteln Sie sich einen **Papprahmen** und betrachten Ihr Motiv durch diesen Rahmen. Zum einen sehen Sie dann das Motiv isoliert von der Umgebung, zum anderen können Sie den Bildausschnitt schrittweise abtasten, indem Sie den Rahmen zunächst dicht vor ein Auge halten (das andere bleibt zu!) und dann bis auf Armeslänge von sich wegbewegen.

Aus gutem Grund haben das auch berühmte Regisseure schon immer so gemacht.
Am besten fertigen Sie einen solchen Rahmen aus zwei L-förmigen Pappteilen, sodass Sie Größe und Proportion des Rahmens verändern können. Eine Schablone dazu finden Sie auf Seite 219.

9. Fotografieren Sie **persönlich**. Wenn Sie bei einer typischen Aufnahmesituation wie dem Fotografieren einer touristischen Attraktion genau da stehen, wo schon Tausende vorher ihre Kamera ausgelöst haben, ist das der sicherste Weg zum langweiligen Foto. Gehen Sie in diesem Fall einfach mal an eine unübliche Stelle und probieren Sie aus, ob dies nicht Ausgangspunkt für Ihr ganz persönliches Foto werden könnte.

10. **Schauen Sie sich Fotos an**, und zwar gute wie schlechte. Besorgen Sie sich z. B. Bildbände mit Fotos, die Sie einfach toll finden, und fragen Sie sich beim Betrachten eines jeden Fotos, warum Sie es gelungen finden. Oder gehen Sie ins Internet; auch dort werden Sie auf der Suche nach guten Fotos berühmter Fotografen schnell fündig. Mindestens genauso wichtig ist aber auch das Anschauen von Fotos, die Ihnen nicht so gut gefallen. Finden Sie heraus, warum Sie die jeweilige Aufnahme als nicht gelungen ansehen.

Zum Schluss noch ein wichtiger Hinweis: Natürlich wird es beim Fotografieren immer Situationen geben, in denen andere Aspekte im Vordergrund stehen. Wenn Sie z. B. auf einem Fest vor allem Erinnerungen an die anwesenden Personen festhalten möchten, wäre es nicht besonders hilfreich, bei jedem Foto erst lange über Aussage oder Komposition des Bildes zu grübeln. In diesem Fall sind Spontaneität und beherztes „Drauflosschießen" angesagt, um ungezwungene und lebhafte Bilder machen zu können.

Einige Gestaltungsaspekte beim Fotografieren

Ein gutes Foto ist – wie jedes andere Kunstwerk auch – letztendlich Geschmackssache. Dennoch gibt es natürlich allgemein gültige Gestaltungsmittel (und sogar -regeln) beim Fotografieren. Einige wichtige, die Sie kennen sollten, habe ich im Folgenden für Sie zusammengestellt.

Deutlichkeit

Einfache und klare Formen sind in der Regel Voraussetzung für ein wirkungsvolles Foto. Um das zu verstehen, muss man sich den Prozess der Bildbetrachtung vor Augen halten. Die Formelemente eines Bildes setzen sich aus Linien und Flächen zusammen, und der Betrachter des Bildes versucht nun (anhand seiner Seherfahrungen), diese Formen zu erfassen und zu verstehen. Er nimmt z. B. einen bestimmten Umriss innerhalb des Fotos wahr und interpretiert diesen Umriss als einen bestimmten Gegenstand. Je weniger Elemente ein Bild

beinhaltet, desto leichter ist dieser Vorgang des Erfassens und Verstehens. Wenn ein Motiv also zu komplex ist, wird der Betrachter schnell überfordert sein. Aus diesem Grund ist eine überfrachtete Aufnahme, bei der ein Motiv aus großer Entfernung aufgenommen wurde, weniger wirkungsvoll als eine Nahaufnahme, die sich auf weniger und entscheidende Formen konzentriert.

Kapitel 2   Mit allen Sinnen fotografieren

Brennweite: 60 mm, Belichtungszeit: 1/200 Sek., Blende: 7,1, ISO 200

Ein Aspekt, der ebenfalls zur Deutlichkeit einer Aufnahme gehört, ist die Darstellung der Räumlichkeit. Da ein Foto immer nur eine zweidimensionale Darstellung ist, müssen Sie diese Räumlichkeit in einer Aufnahme künstlich schaffen. Eine sehr attraktive Möglichkeit, dem Betrachter eines Fotos das Gefühl von Raum und Tiefe zu vermitteln oder den Eindruck von Plastizität zu erhöhen, ist die Technik der absichtlichen Unschärfe innerhalb eines Bildes. Durch eine große Blendenöffnung und damit geringe Schärfentiefe bei der Aufnahme lassen sich verschiedene Bildebenen optisch voneinander trennen. Diese Technik erhöht natürlich auch wieder die Präsenz eines Motivs, weil es das wichtige Objekt visuell in den Vordergrund stellt und vom weniger wichtigen Hintergrund abhebt.

Anordnung

Die gerade angesprochenen Grundformen eines Bildes treten natürlich nur in den seltensten Fällen isoliert auf, sondern bilden meistens Mischformen und stehen darüber hinaus in einer optischen Beziehung zueinander, sind also in einer bestimmten Weise auf dem Bild angeordnet. Jeder Mensch besitzt ein natürliches Harmoniegefühl, das ihn eine bestimmte Anordnung der Bildelemente intuitiv als harmonisch und schön oder eher als störend empfinden lässt.

Ein Hilfsmittel, um eine gut proportionierte und harmonische Bildkomposition zu erreichen, ist der *Goldene Schnitt*. Dabei handelt es sich um eine mehr oder weniger komplizierte mathematische Formel, die im Wesentlichen die Teilung einer Strecke im Verhältnis von ungefähr 5:3 ausdrückt. In der Praxis besser anzuwenden ist jedoch eine Vereinfachung des Goldenen Schnitts: die sogenannte *Drittelregel*.

Für ein ausgewogen komponiertes Foto bedeutet dies, dass das wichtigste Element (der Schwerpunkt) Ihres Bildes ungefähr im Schnittpunkt dieser gedachten Linien liegen sollte.

Eine Bildkomposition nach der Drittelregel: Man teilt das Bild in Höhe und Breite in drei gleich große Abschnitte. Das wichtigste Element liegt je um etwa ein Drittel der Gesamthöhe und -breite des Bildes vom Bildrand entfernt.

Format

Das Bildformat hat großen Einfluss auf die Wirkung eines Fotos. Sie können das Format eines Fotos natürlich auch nachträglich bei der Bildbearbeitung am Mac verändern, indem Sie einen bestimmten Bildausschnitt wählen und das Foto entsprechend beschneiden. Aber schon bei der Aufnahme sollten Sie sich die Frage stellen, ob ein Hochformat oder ein Querformat für die Bildaussage besser geeignet ist. Für Landschaftsaufnahmen ist oft ein Querformat die richtige Entscheidung; wenn Sie ein Porträt von einer Person machen möchten, bietet sich eher das Hochformat an. Auf jeden Fall sollten Sie hier immer ein wenig experimentieren und die unterschiedliche Wirkung am besten schon beim Blick durch den Sucher analysieren.

Perspektive

Die Wahl der Perspektive ist ebenfalls ein wichtiges Gestaltungsmittel in der Fotografie. Viele Anfänger stellen sich bei der Aufnahme grundsätzlich aufrecht mit ihrer Kamera hin und fotografieren ihr Motiv aus Augenhöhe. Dabei gibt es die Möglichkeit, einfach einmal in die Hocke zu gehen und das Motiv aus der sogenannten Froschperspektive abzulichten. Die Bildaussage bezüglich Tiefe und Weite wird dann eine ganz andere sein. Auch mit der Vogelsperspektive erzielen Sie eine spezifische Bildwirkung: Durch den Blickpunkt von oben herab auf das Motiv verschaffen Sie dem Betrachter einen besseren Überblick, allerdings wird die Tiefenwirkung viel geringer sein als bei der Froschperspektive.

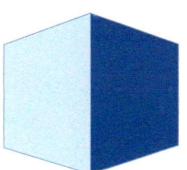
Augenperspektive

Vogelperspektive

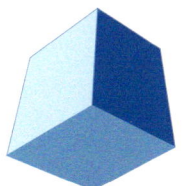
Froschperspektive

Die Massivität des friesischen Reetdachs wird durch die leichte Froschperspektive noch deutlicher.

Kapitel 2   Mit allen Sinnen fotografieren

Ein Beispiel für eine extreme Froschperspektive

Die Vogelperspektive liefert einen guten Überblick, allerdings ist die Tiefenwirkung nicht so stark.

Einige Gestaltungsaspekte beim Fotografieren

Licht und Farbe

Ohne Licht keine Fotografie, das ist logisch. Zwar hat heutzutage beinahe jede Digitalkamera einen eingebauten Blitz, der bei unzureichenden Lichtverhältnissen durch das natürliche Licht in vielen Fällen für die entsprechende Unterstützung sorgt. Aber für gute Fotos muss nicht nur ausreichend Licht vorhanden sein, sondern es muss vor allem das richtige Licht während der Aufnahme zur Verfügung stehen. Die Qualität des Lichts hat nämlich erheblichen Einfluss auf die Stimmung eines Fotos. Es ist ein großer Unterschied, ob man ein Motiv während niedrig stehender Morgen- oder Abendsonne fotografiert oder dies in der hoch am Himmel stehenden Mittagssonne tut. Im ersteren Fall ist das Licht von der Farbe her wärmer und die Schatten sind länger. Das direkte Sonnenlicht in der Mittagszeit liefert dagegen harte, kontrastreiche Bilder mit dunklen Schatten.

Warmes Licht am späten Nachmittag

Kapitel 2   Mit allen Sinnen fotografieren

Neben der Berücksichtigung der Tageszeit ist auch die bewusste Wahrnehmung des vorherrschenden Lichteinfalls ein entscheidendes Gestaltungskriterium. Diffuses, weiches Licht, wie es beispielsweise bei bewölktem Himmel vorhanden ist, lässt Objekte eher kontrastarm und flächig wirken, wohingegen hartes und gerichtetes Licht die Objekte durch Schattenbildung plastisch hervorhebt und Räumlichkeit vermittelt. Machen Sie sich bei einer Aufnahme auch bewusst, aus welcher Richtung das Licht auf Ihr Motiv trifft: von der Seite, von oben oder von vorne? Achten Sie auf den Verlauf der Schatten, die durch das vorherrschende Licht erzeugt werden: Sind sie eher störend oder unterstreichen sie die Aussage, die Sie mit Ihrem Foto machen wollen?

Lichteinfall von schräg vorne

Einige Gestaltungsaspekte beim Fotografieren

Licht ist Farbe, und deshalb bestimmt natürlich das während einer Aufnahme vorhandene Licht auch die Wirkung von Farben. Je nach Tageszeit und atmosphärischen Verhältnissen können sie wärmer oder auch kälter wirken. Farben sprechen immer unmittelbar unsere Emotion an, und deshalb können Sie durch bewusstes Einsetzen von Farben ein bestimmtes Empfinden beim Bildbetrachter hervorrufen. So vermitteln Sie z. B. mit der Farbe Blau ein Gefühl von Kühle und Ruhe; Rot kann aggressiv wirken; gedämpfte Farbtöne an einem trüben Herbsttag stimmen den Bildbetrachter eher melancholisch.

Kontrast

Für Farben gilt das Gleiche wie für die Formelemente in einem Bild: Sie treten in der Regel nicht für sich allein auf, sondern stehen in Beziehung zueinander. Verschiedene Farben bilden dann einen Kontrast. Je stärker sich eine Farbe hinsichtlich Farbton, Sättigung oder Helligkeit von der anderen unterscheidet, desto stärker wird dieser Kontrast vom Betrachter empfunden. Auch hier entsteht das Gefühl von Harmonie beim Betrachter, oder eben nicht – je nachdem, ob das Zusammenspiel der Farben harmonisch gelungen ist oder als eher unan-

genehm empfunden wird (die Farben »beißen sich«). Fotos mit zu geringem Kontrast wirken oftmals ein wenig flach, wohingegen ein größerer Kontrast die Spannung in einem Bild erhöhen kann.

Genauso wichtig wie der Farbkontrast ist aber auch der Hell-dunkelkontrast, der durch unterschiedliche Helligkeiten der Elemente innerhalb eines Fotos entsteht. Erst durch den Hell-dunkelkontrast werden dem Betrachter deutlich zu unterscheidende und klare Formen vermittelt.

Kapitel 2 Mit allen Sinnen fotografieren

Rhythmus

Manchmal wirkt die fotografische Abbildung eines einzelnen Objekts nicht besonders aufregend. Durch Wiederholung gleicher oder zumindest ähnlicher Formen, die miteinander in Beziehung stehen, entsteht gewissermaßen ein Rhythmus im Bild, der einer Aufnahme ein neuartiges Formgefüge verleiht und sie damit spannender und interessanter werden lässt.

Brennweite: 18 mm, Belichtungszeit: 1/200 Sek., Blende: 11, ISO 200

Einige Gestaltungsaspekte beim Fotografieren

Ungezwungenheit

Dies ist eine Eigenschaft, die vor allem bei Personenaufnahmen sehr wichtig ist. Ungezwungene Porträts zeichnen sich z. B. durch Natürlichkeit in Mimik und Gestik aus und wirken deutlich lebendiger als bei einer gestellten Aufnahmesituation.

Die häufigsten Aufnahmefehler

Niemand macht mit Absicht schlechte Fotos, aber beim Fotografieren kann trotzdem eine ganze Menge schiefgehen. Deshalb ist es nützlich, zu wissen, wie man häufiger vorkommende Missgeschicke vermeiden kann.

Falscher Hintergrund

Ein störender oder unruhiger Hintergrund kann das schönste Motiv ruinieren, weil er die Prägnanz eines Objekts im Vordergrund herabsetzt und so vom eigentlichen Motiv ablenkt. Nehmen Sie stattdessen die Gewichtung des Hintergrunds durch bewusste Unschärfe zurück. Ein weiteres Beispiel für einen falschen Hintergrund ist z. B. der Baum, der aus dem Kopf einer fotografierten Person herauszuwachsen scheint. Verändern Sie in diesem Fall Ihren Aufnahmestandpunkt und lösen Sie so die optisch ungünstige Kombination zweier Bildelemente auf.

Im Bild links kommt die verspielte Form des Zauns durch den unruhigen Hintergrund kaum zur Geltung.

Eine große Blende und damit geringere Schärfentiefe sorgt dafür, dass der Hintergrund unscharf wird und nicht so störend wirkt.

Die häufigsten Aufnahmefehler

Falscher Bildausschnitt

Abgeschnittene Beine oder Köpfe bei Personenaufnahmen sind klassische Bildausschnittsfehler. Aber auch fehlender Raum vor der Blick- oder Bewegungsrichtung eines Motivs lassen ein Foto oft weniger lebendig wirken.

Der Raum vor dem Motiv in Bewegungsrichtung sorgt für mehr Dynamik.

Kapitel 2   Mit allen Sinnen fotografieren

Fehlender Maßstab für die Größenverhältnisse auf dem Bild

Damit der Betrachter die Größenverhältnisse auf einem Foto richtig einschätzen kann, benötigt er Anhaltspunkte auf dem Bild, die ihm einen solchen Maßstab liefern. So reicht schon die Abbildung einer Person oder eines Tieres, um dem Betrachter z. B. die Dimension einer Landschaft besser zu verdeutlichen.

Die häufigsten Aufnahmefehler

Schlechte Wetter- oder Lichtverhältnisse

Wenn Sie bei bewölktem oder gar regnerischem Wetter etwa eine sonst farbenprächtige Blüte aufnehmen möchten, werden Sie bei derartigen Lichtverhältnissen nur ein tristes Foto mit wenig leuchtenden Farben erzielen. Nur bei Sonnenlicht aufgenommen, wird die Pflanze ihre Farbenpracht zeigen.

Zu viel auf dem Bild

Vom berühmten Wimmelbild war ja schon die Rede. Der Betrachter ist durch die Vielzahl an Objekten auf dem Bild verwirrt und weiß nicht, worauf er seine Aufmerksamkeit lenken soll. Helfen Sie ihm, indem Sie sich bei der Aufnahme auf das Wesentliche konzentrieren und Überflüssiges weglassen.

Falscher Zeitpunkt

Wenn Sie eine Aufnahme von einem unbewegten Motiv machen wollen, sollten Sie sich ausreichend Zeit nehmen, um Aufnahmestandpunkt, Lichtverhältnisse und Schattenverlauf gründlich zu analysieren. Ein übereiltes Auslösen der Kamera ist oft dafür verantwortlich, dass nicht das Optimale aus einem Motiv herausgeholt wurde. Bei bewölktem Himmel müssen

Die häufigsten Aufnahmefehler

Sie vielleicht warten, bis die Sonne wieder hinter einer Wolke hervorkommt und so für günstigere Beleuchtung sorgt.

Bei Schnappschüssen ist die Wahl des richtigen Zeitpunkts für ein Foto manchmal Glückssache oder auch eine Frage der Intuition. Es erfordert auf jeden Fall Wachsamkeit, um bei bewegten Szenen den »entscheidenden Moment«, in dem sozusagen die Bildaussage stattfindet, nicht zu verpassen.

Der entscheidende Moment

Kapitel 2   Mit allen Sinnen fotografieren

Unschärfe

Bewusste Unschärfe haben Sie bereits als Gestaltungsmittel kennengelernt. Trotzdem kann es natürlich auch ungewollt zu unscharfen Aufnahmen kommen. Eine mögliche Ursache ist, dass Sie sich vom Autofokus Ihrer Kamera haben austricksen lassen. Dies kann z. B. passieren, wenn die automatische Scharfstellung nicht das Objekt im Vordergrund erfasst, sondern stattdessen daran vorbei den Hintergrund scharf stellt. Visieren Sie in diesem Fall zunächst das Objekt an, das scharf abgebildet werden soll, und wenden Sie die automatische Scharfstellung durch einen leichten Druck auf den Auslöser an. Danach können Sie die Kamera aus dem Messfokus herausbewegen und die Aufnahme (ohne erneutes Scharfstellen) machen.

Bei der linken Aufnahme wurde am Vordergrundmotiv vorbeigemessen. Die rechte Abbildung zeigt die korrekte Scharfstellung auf das Hauptmotiv des Bildes.

Ein anderer Grund für ein unscharfes Foto ist die Unterschreitung des Schärfebereichs Ihres verwendeten Objektivs. Sie waren dann einfach zu nah dran am Motiv. Gehen Sie in diesem Fall einfach ein wenig auf Distanz zum Objekt.

Verwackelt

Verwackelung tritt vor allem dann auf, wenn Sie eine Aufnahme mit einer zu langen Belichtungszeit ohne Einsatz eines Stativs gemacht haben. Auch hier kommt es zur Unschärfe, die in diesem Fall jedoch nicht nur Teilbereiche, sondern das ganze Bild betrifft. Entweder Sie nehmen ein Stativ zu Hilfe, um die Kamera zu fixieren, oder Sie verwenden ein Objektiv mit einer kürzeren Brennweite. Je länger nämlich die Brennweite eines Objektivs, umso höher die Verwackelungsgefahr.

Die obere Aufnahme wurde ohne Stativ aus der Hand aufgenommen. Aufgrund der langen Belichtungszeit kommt es zu einer verwackelten Aufnahme. Das untere Foto ist dank Stativ verwackelungsfrei.

Messfehler

Die automatische Belichtung einer modernen Digitalkamera hilft Ihnen in vielen Fällen, gut belichtete Aufnahmen zu erzielen. Aber nicht immer funktioniert das so problemlos, wie man es gerne hätte. Der Belichtungsmesser der Kamera misst immer das gesamte Bild, und so kann es passieren, dass bestimmte Bildbereiche viel zu dunkel werden. Auch hier müssen Sie – ähnlich wie beim Autofokus – die Belichtungsmessung der Kamera überlisten. Messen Sie zunächst die Stellen, die Ihnen wichtig sind und die auf jeden Fall nicht zu dunkel belichtet werden sollen. Wenn Sie anschließend die Gesamtaufnahme machen, ignorieren Sie dabei eine eventuelle Überbelichtungsanzeige der Kamera.

Auch der helle Hintergrund wird bei der Belichtungsmessung der Kamera berücksichtigt und dadurch das Hauptmotiv etwas zu dunkel belichtet (linkes Foto). Die rechte Aufnahme zeigt mehr Details des wichtigsten Bildelements; die geringe Überbelichtung der anderen Bildteile ist vetretbar.

Stürzende Linien

Das menschliche Gehirn gaukelt uns gerne etwas vor: Wenn Sie z. B. an einem hohen Gebäude emporschauen, sehen Sie die vertikalen Gebäudekanten gleich breit. Die Wirklichkeit – und sie ist es, die die Kamera abbildet – sieht anders aus, nämlich perspektivisch verzerrt. Die Linien streben nämlich (durchaus nicht parallel) auseinander. Abhilfe bieten relativ teure sogenannte Shift-Objektive, die diese perspektivische Verzerrung schon bei der Aufnahme korrigieren. Sie können stürzende Linien jedoch auch nachträglich am Mac (innerhalb gewisser Grenzen) ins rechte Lot bringen (siehe Seite 123).

Schiefer Horizont

Wenn Sie beim Betrachten eines Bildes Anzeichen von Seekrankheit empfinden, liegt es möglicherweise an einem schiefen Horizont. Achten Sie bereits beim Auslösen mithilfe des Suchers darauf, dass der Horizont gerade verläuft.

> Innerhalb gewisser Grenzen können Sie einen schiefen Horizont auch nachträglich am Mac korrigieren (siehe Seite 123).

Anregungen für die Motivsuche

Lohnende Motive für Ihre Fotoleidenschaft gibt es natürlich überall. Als kleine Anregung habe ich im Folgenden einige Aufnahmen zusammengestellt. Und Sie dürfen jetzt einfach „Fotos gucken".

Landschaft

Gelungene Landschaftsfotos sind nicht so einfach zu machen, wie manchmal angenommen wird. Aber wenn Sie sich Zeit für die Aufnahme lassen, Stimmungen, Farben und das Charakteristische der Landschaft bewusst wahrnehmen, werden Sie aus der Natur zu jeder Jahreszeit begeisternde Fotos mit nach Hause bringen.

> Versuchen Sie beim Betrachten der folgenden Bilder, die zuvor genannten Gestaltungsgesetze zu entdecken!

Brennweite: 25 mm, Belichtungszeit: 1/500 Sek., Blende: 5,6, ISO 80

Brennweite: 7,8 mm, Belichtungszeit: 1/1600 Sek., Blende: 4,8, ISO 64

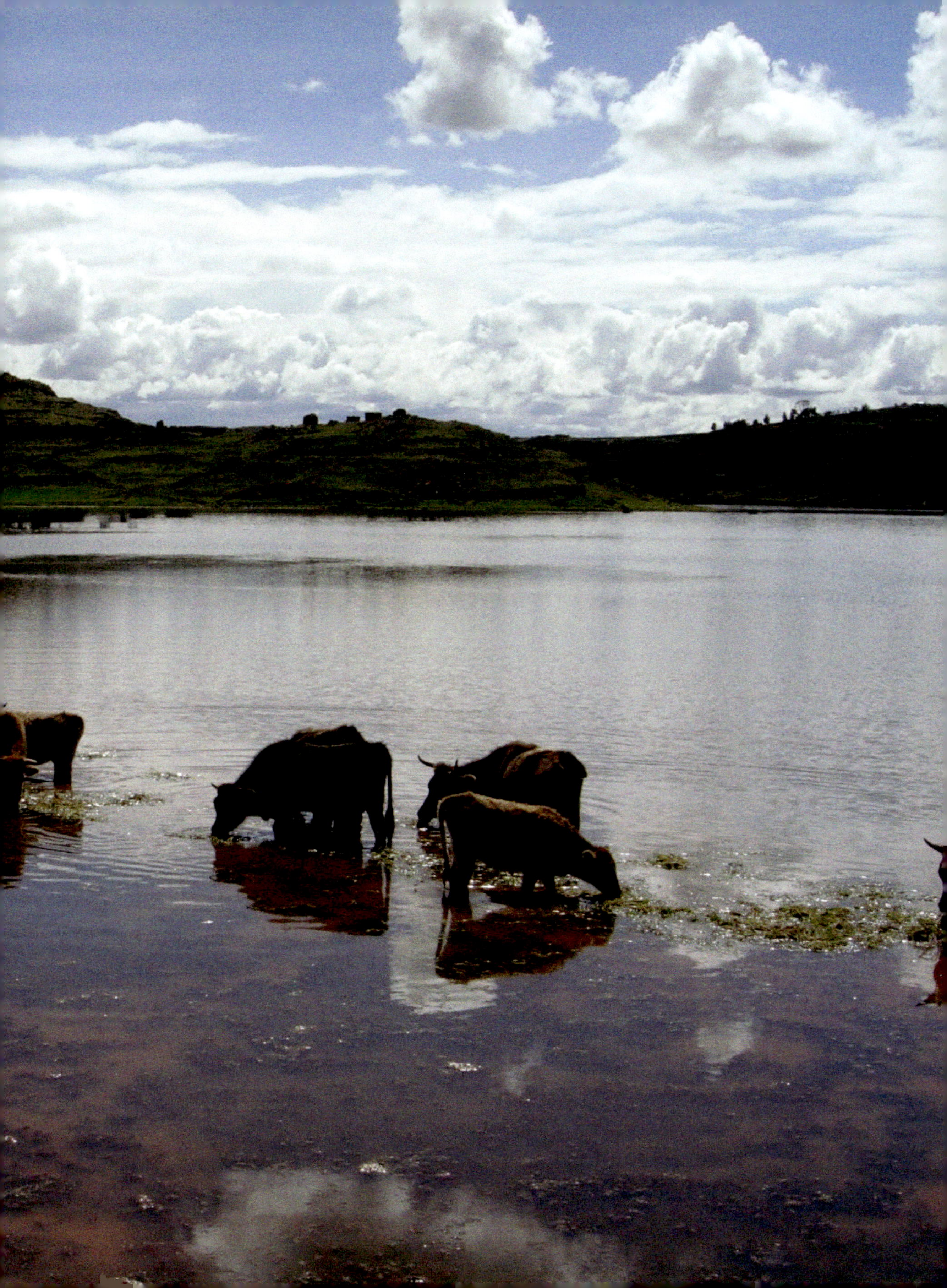

Kapitel 2   Mit allen Sinnen fotografieren

Brennweite: 300 mm, Belichtungszeit: 1/160 Sek., Blende: 13, ISO 200

Anregungen für die Motivsuche

Brennweite: 112 mm, Belichtungszeit: 1/2000 Sek., Blende: 7,1, ISO 1000

Kapitel 2   Mit allen Sinnen fotografieren

Brennweite: 18 mm, Belichtungszeit: 1/200 Sek., Blende: 8, ISO 200

Anregungen für die Motivsuche

Brennweite: 28 mm, Belichtungszeit: 1/640 Sek., Blende: 14, ISO 1000

Brennweite: 4,7 mm, Belichtungszeit: 1/1300 Sek., Blende: 3,3, ISO 100

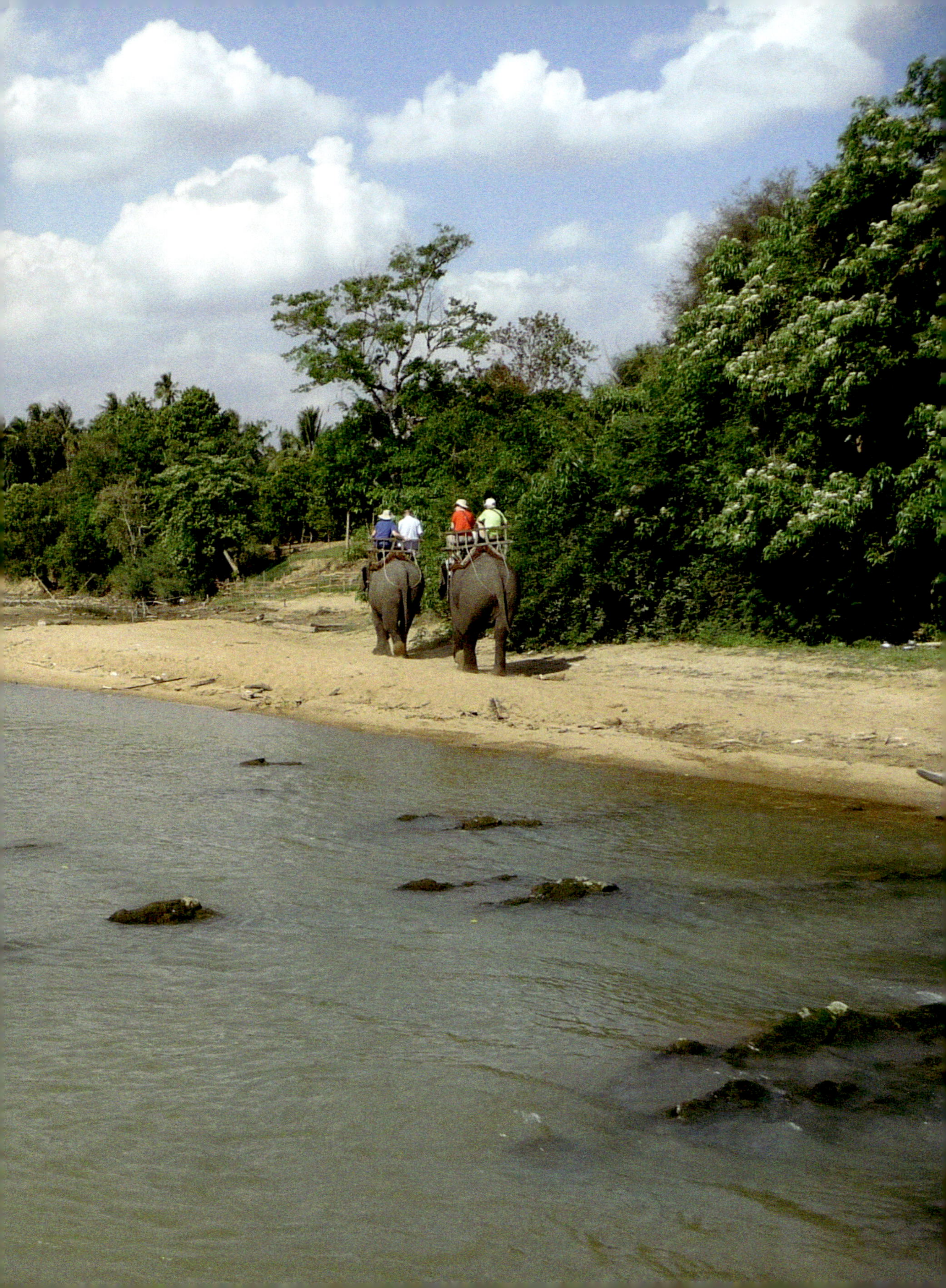

Porträt

Für ein gutes Porträt sind zunächst einmal richtige Ausleuchtung und ein passendes Objektiv (am besten mit etwa 50 bis 100 mm Brennweite) erforderlich. Vielleicht noch viel wichtiger ist aber Kommunikation zwischen Fotograf und fotografierter Person. Sorgen Sie für eine lockere und entspannte Atmosphäre und hören Sie erst einmal zu, bevor Sie die Kamera hervorholen. Nur wenn Sie wissen, wen Sie da eigentlich fotografieren wollen, werden Sie Aufnahmen machen können, die die Persönlichkeit der fotografierten Person wiedergeben. Und Sie müssen den entscheidenden Moment erwischen, in dem Ihr Gegenüber Seele und Persönlichkeit zum Ausdruck bringt.

Anregungen für die Motivsuche

Brennweite: 135 mm, Belichtungszeit: 1/60 Sek., Blende: 6, ISO 200

Brennweite: 58 mm, Belichtungszeit: 1/180 Sek., Blende: 7,1, ISO 200

Nahaufnahmen

Mit Nahaufnahmen können Sie neue Welten entdecken. Durch die Vergrößerung werden überraschende Ansichten möglich und Details deutlich, die dem Auge sonst leicht verborgen bleiben.

Anregungen für die Motivsuche

Brennweite: 7,8 mm, Belichtungszeit: unbekannt, Blende: 2,8, ISO 64

Kapitel 2 Mit allen Sinnen fotografieren

Brennweite: 60 mm, Belichtungszeit: 1/80 Sek., Blende: 4,5, ISO 200

Anregungen für die Motivsuche

Architektur

Architekturfotografie ist viel mehr als nur dokumentarisches Ablichten eines Gebäudes. Der Reiz einer außergewöhnlichen Perspektive, reduzierte Detailaufnahmen oder strenge grafische Formen sorgen für jede Menge Motive.

Brennweite: 14 mm, Belichtungszeit: 1/50 Sek., Blende: 11, ISO 200

Brennweite: 85 mm, Belichtungszeit: 1/320 Sek., Blende: 11, ISO 200

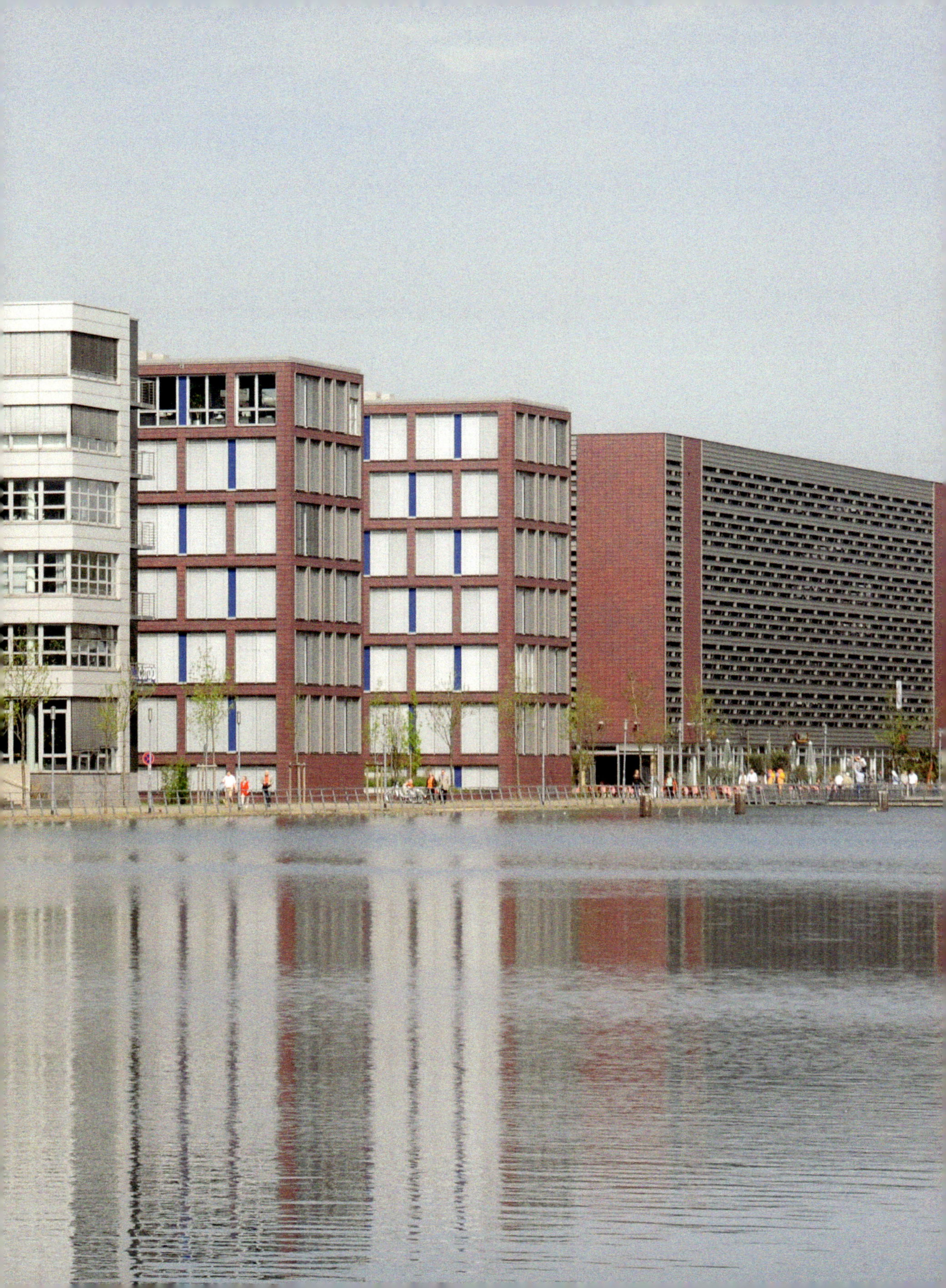

Kapitel 2   Mit allen Sinnen fotografieren

Brennweite: 42 mm, Belichtungszeit: 1/180 Sek., Blende: 7,1

Anregungen für die Motivsuche

Architekturfotografie kann auch sehr emotional sein. Ich habe lange überlegt, ob ich ein solches Foto in diesem Buch abbilden soll. Aber das Bild zeigt neben der Zerstörung auch einen verschont gebliebenen Balkon, der – fast wie eine friedliche Insel – einen grotesken Gegensatz bildet.

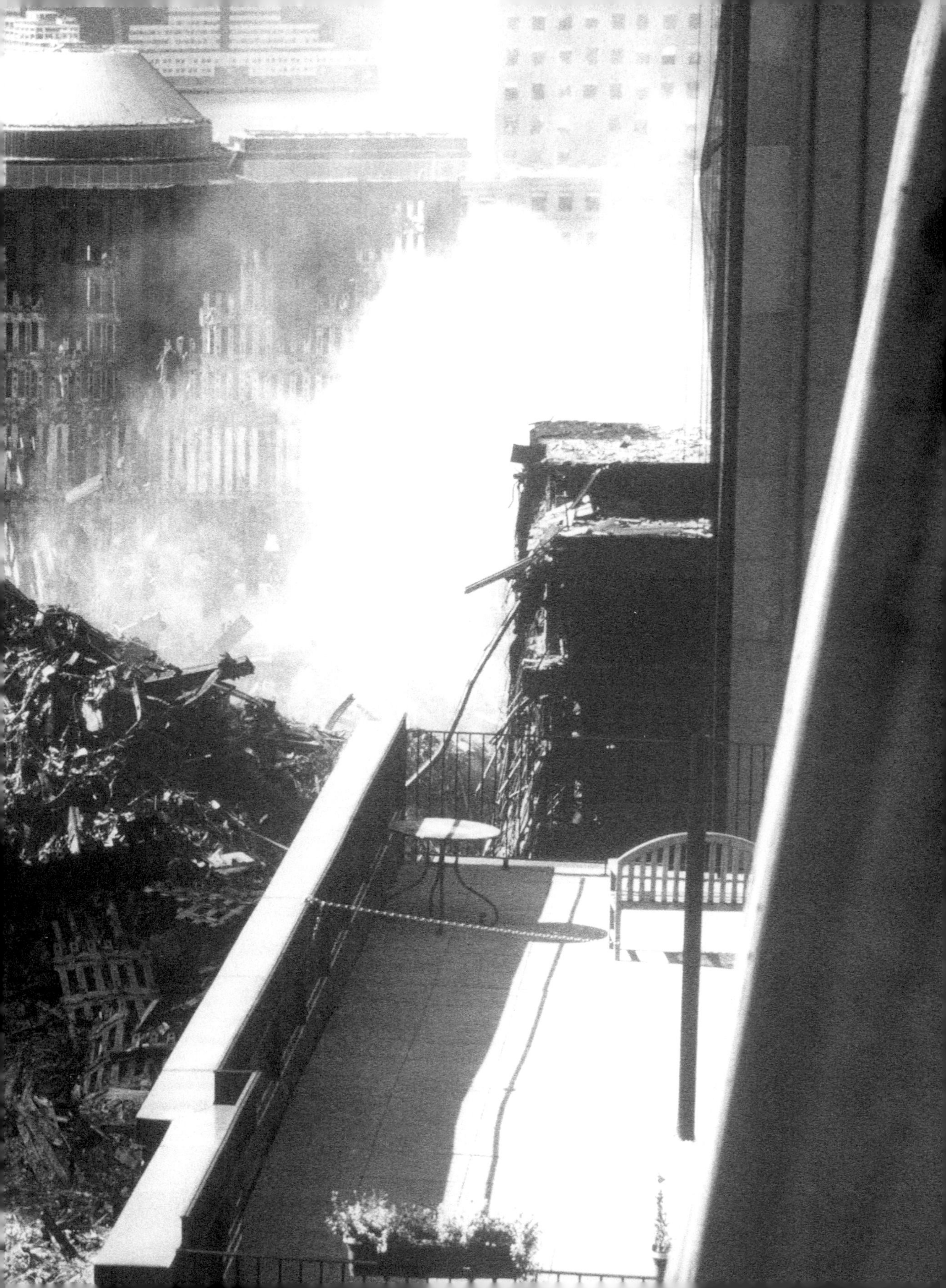

Sachaufnahmen

Es muss nicht immer Mensch und Natur sein. Gerade hinter scheinbar belanglosen Objekten verbergen sich oft lohnende Motive. Aber auch Strukturen oder Muster von Objekten können attraktive Bilder ergeben.

Brennweite: 60 mm, Belichtungszeit: 1/10 Sek., Blende: 3,3, ISO 200

Anregungen für die Motivsuche

Brennweite: 12,7 mm, Belichtungszeit: 1/25 Sek., Blende: 4,6, ISO 200

Kapitel 2   Mit allen Sinnen fotografieren

Brennweite: 86 mm, Belichtungszeit: 1/60 Sek., Blende: 5,3

Bewegte Aufnahmen

Wenn Sie Motive in Bewegung scharf abbilden möchten, so sollte die Belichtungszeit möglichst kurz sein, wobei die Verschlusszeit umso kürzer sein muss, je schneller sich das Motiv bewegt. Auf diese Weise frieren Sie die Bewegung sozusagen ein. Häufig effektvoller ist jedoch eine gewollte Unschärfe durch eine geringfügig längere Belichtungszeit, die dem Betrachter des Fotos die Dynamik des Geschehens besser vermitteln kann.

Kapitel 2   Mit allen Sinnen fotografieren

Brennweite: 70 mm, Belichtungszeit: 1/6 Sek., Blende: 4,8, ISO 1600

Der eigene Stil

Nachdem Sie in diesem Kapitel die Hinweise zum fotografischen Sehen und zur Gestaltung eines Fotos gelesen haben, möchte ich an dieser Stelle noch eine Anmerkung machen. Wie schon erwähnt, ist es in vielerlei Hinsicht Geschmackssache, ob ein Foto als gelungen angesehen wird oder nicht. Auch wenn Sie alle gestalterischen Regeln akribisch anwenden, es an der Bildkomposition nichts auszusetzen gibt, Ihnen das Foto letztendlich aber doch nicht gefällt, dann ist das eben so. Fotografieren beinhaltet eben auch eine gewisse künstlerische Freiheit. Sehen Sie die Gestaltungsregeln deshalb als eine kleine Hilfe, um sich beim Fotografieren zunächst auf sicherem Terrain zu bewegen, aber verletzen Sie sie – ohne schlechtes Gewissen – hin und wieder einfach mal, um vielleicht etwas Neues zu entdecken. Wenn Sie mit allen Sinnen fotografieren, dann ist das viel mehr als das physikalische Ablichten von Motiven, sondern auch das Einbringen der eigenen Persönlichkeit. Mit zunehmender Übung und Erfahrung entwickeln Sie so Ihren ganz persönlichen Stil und machen Aufnahmen, die Ihnen gefallen und auch ein Stück von Ihnen widerspiegeln.

Verwandlung ist nicht Lüge.
Rainer Maria Rilke

Kapitel 3

Zauberei am Mac

Nachdem Sie hoffentlich viele Fotos geschossen haben, ist es an der Zeit, sie auch dem Mac zu zeigen. Er hilft Ihnen nicht nur dabei, kleinere Fehler nachträglich zu korrigieren, sondern hält auch eine Fülle von Möglichkeiten bereit, um Ihre Bilder einmal ganz anders aussehen zu lassen.

Kapitel 3   Zauberei am Mac

iPhoto '09

Bildbearbeitung am Computer klingt ein wenig nüchtern, aber wenn Sie mit dem Programm iPhoto '09 näher vertraut sind, wird es Ihnen großen Spaß bereiten. Besonders die neueste Version bietet Ihnen eine Fülle attraktiver Funktionen.

Zum Start des Programms klicken Sie im Dock auf das iPhoto-Symbol. Sollte sich das Symbol dort nicht finden, schauen Sie in Ihrem Ordner *Programme* nach. Wenn Sie iPhoto das allererste Mal starten, möchte der Mac wissen, ob Sie das Programm in Zukunft verwenden möchten, wenn Sie eine Kamera an den Mac anschließen. Beantworten Sie diese Frage mit *Ja*.

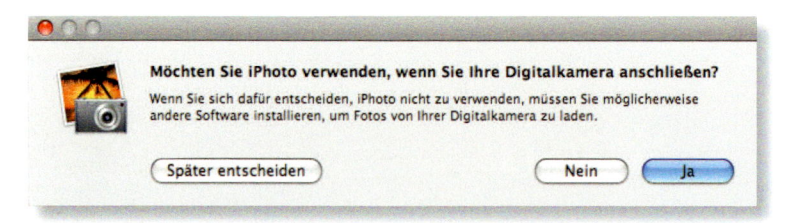

Und noch eine Frage wird Ihnen gleich beim ersten Programmstart gestellt, die Sie ebenfalls mit *Ja* beantworten sollten, wenn Sie Ihre Fotos später auf einer Karte dargestelllt sehen möchten.

> Mehr zu der neuen Funktion »Orte« in iPhoto erfahren Sie auf Seite 147.

Schließlich meldet sich das Programm mit seinem Startbildschirm.

> Möglicherweise wird Ihr Startbildschirm von einem Fenster überlagert, in dem Ihnen das Abspielen eines Einführungsvideos angeboten wird. Ein Klick auf die Schaltfläche »Schließen« lässt das Fenster verschwinden. Damit es nicht bei jedem Aufruf von iPhoto erscheint, entfernen Sie einfach das Häkchen bei »Dieses Fenster anzeigen, wenn iPhoto geöffnet wird«.

iPhoto '09

Ereignisse — alle Fotos anzeigen

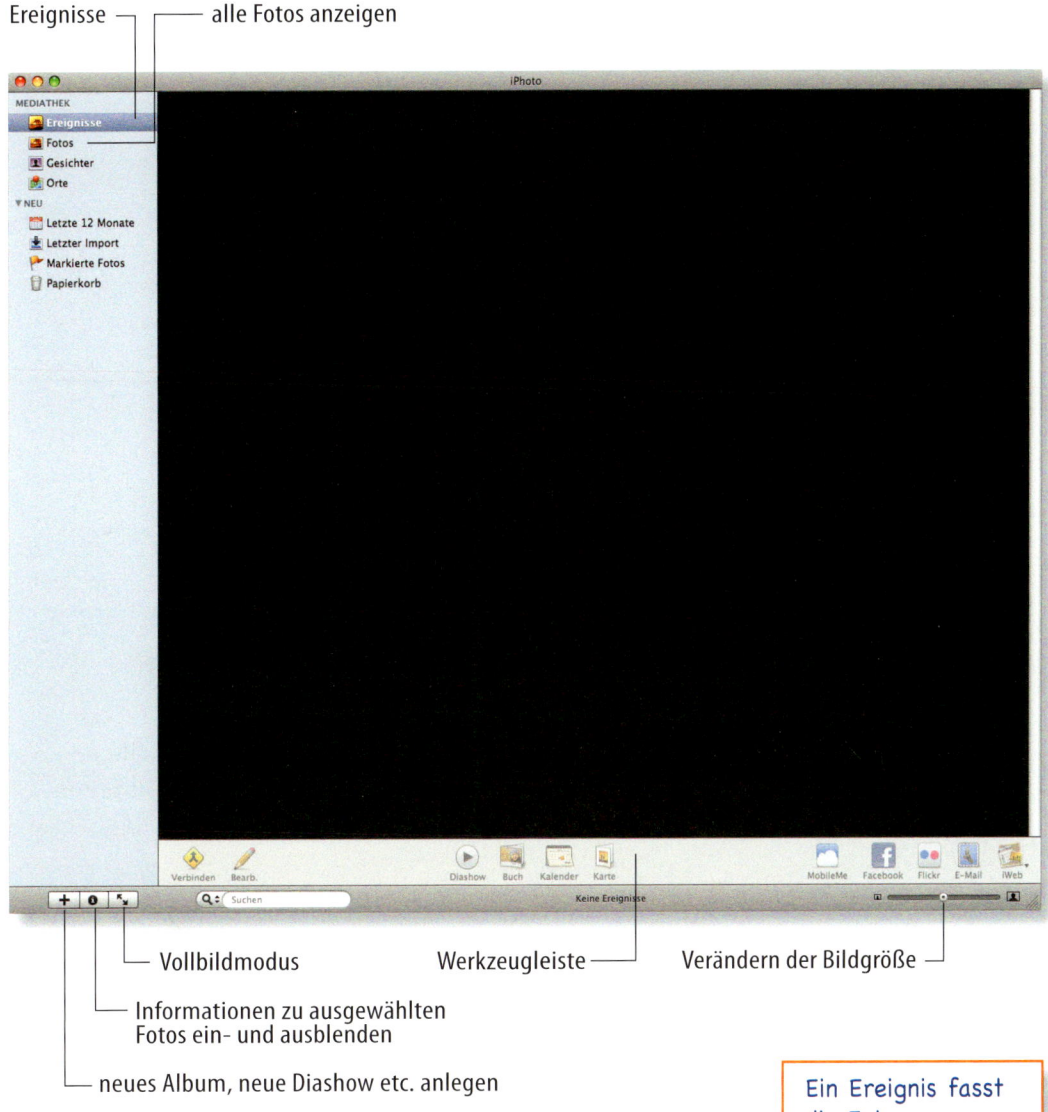

Vollbildmodus — Werkzeugleiste — Verändern der Bildgröße

Informationen zu ausgewählten Fotos ein- und ausblenden

neues Album, neue Diashow etc. anlegen

Das Fenster von iPhoto weist links eine Seitenleiste auf, in der Sie den Begriff »Mediathek« erkennen können. iPhoto legt Ihre importierten Fotos in dieser Mediathek ab und ordnet sie dort u. a. nach sogenannten Ereignissen. Je nach Auswahl eines Objekts in der Seitenleiste sehen Sie dessen Inhalt dann im (jetzt noch leeren) rechten Anzeigebereich.

> Ein Ereignis fasst die Fotos zusammen, die in einem bestimmten Zeitraum aufgenommen wurden (also z.B. eine Hochzeit, ein Urlaub etc.).

Fütterungszeit

Zunächst einmal wollen Sie sicher dafür sorgen, dass der schwarz-düstere Anzeigebereich mit Leben gefüllt wird. Dazu müssen Sie einfach ein paar Fotos, die sich noch auf Ihrer Digitalkamera befinden, in iPhoto importieren.

> Die Speicherkarte mit den Fotos muss sich natürlich in der Kamera befinden.

1. Schließen Sie Ihre Digitalkamera mit einem USB-Kabel an Ihren Mac an. Die Kamera sollte dabei zunächst noch ausgeschaltet sein.

2. Schalten Sie Ihre Kamera ein.

3. Der Mac erkennt das neue Gerät und zeigt Ihnen dies mit einem entsprechenden Symbol auf dem Desktop an.

4. Dass der Mac die Kamera erkannt hat, sehen Sie auch an einem neuen Eintrag in der Rubrik *Geräte*. Gleichzeitig sehen Sie im rechten Teil des Fensters alle Fotos, die sich im Speicher Ihrer Kamera befinden und die Sie nun importieren können.

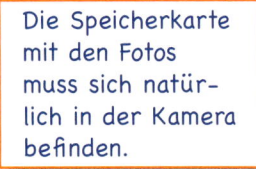

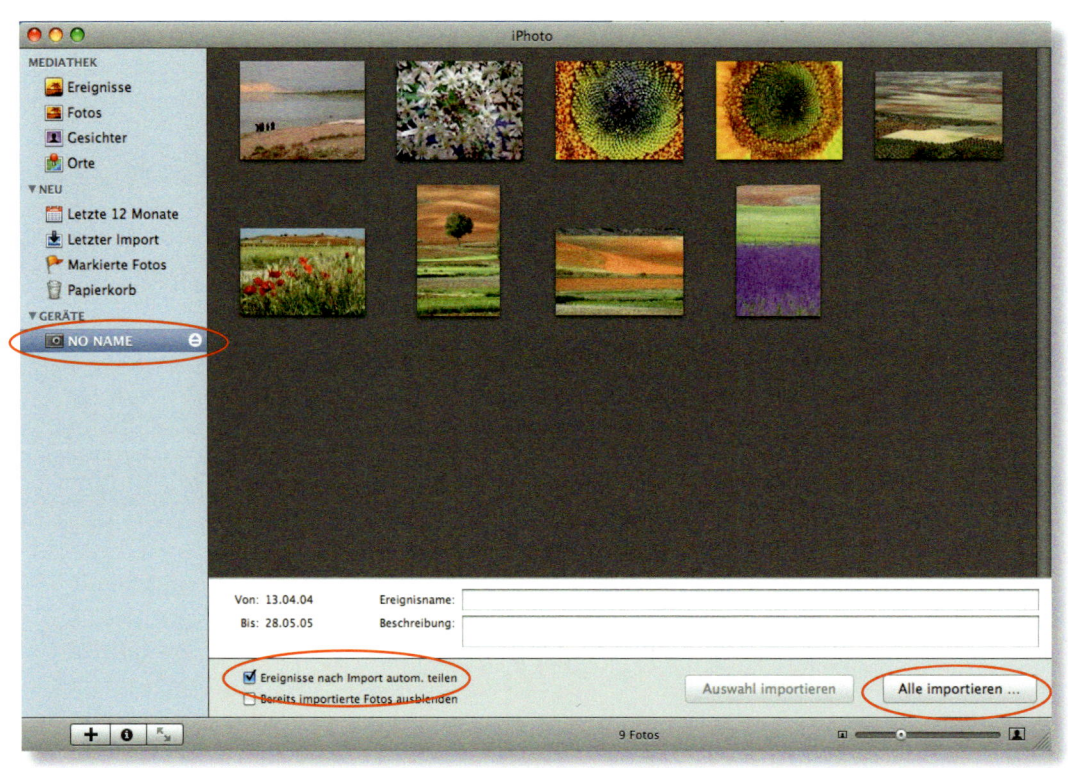

5. Zunächst sollten Sie noch einen aussagekräftigen Ereignisnamen und eine Beschreibung der zu importierenden Fotos in die entsprechenden Textfelder eingeben.

6. Vor dem Import können Sie entscheiden, ob Sie sämtliche Fotos importieren möchten oder nur einen Teil davon. Im ersten Fall klicken Sie einfach auf den Button *Alle importieren*. Andernfalls müssen Sie bei gedrückt gehaltener ⌘-Taste mit einem Klick auf das jeweilige Foto alle diejenigen auswählen, die importiert werden sollen. Dadurch wird der Button *Auswahl importieren* aktiv, den Sie anklicken.

> Die Beschreibung taucht später in den Informationen zu einem Foto auf und lässt sich auch nachträglich noch ändern.

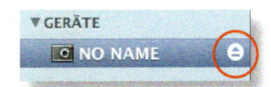

7. Wichtig ist auch noch das Feld *Ereignisse nach Import automatisch teilen*. Wenn hier ein Häkchen gesetzt ist, unterteilt iPhoto Ihre importierten Bilder entsprechend dem Aufnahmedatum der Fotos in getrennte Ereignisse.

8. Der Import beginnt und nach erfolgreichem Abschluss möchte iPhoto noch von Ihnen erfahren, was mit den Fotos auf der Kamera geschehen soll. Wenn Sie hier *Fotos behalten* auswählen, verbleiben die Fotos auf Ihrer Kamera, andernfalls werden sie im Kameraspeicher gelöscht.

9. Nach dem Import klicken Sie in der Seitenleiste auf das kleine Auswurf-Symbol neben dem Gerätenamen, schalten die Kamera aus und trennen die Verbindung zum Computer, indem Sie das USB-Kabel wieder entfernen.

Jetzt befinden sich die importierten Fotos auf Ihrem Mac und stehen für spannende Aufgaben zur Verfügung.

Kapitel 3   Zauberei am Mac

Schauen Sie gleich einmal nach: Ein Klick auf *Ereignisse* in der Seitenleiste zeigt Ihnen ein Foto. Aber wieso nur eines? Keine Angst, hinter diesem einen Foto verbergen sich alle, die Sie soeben importiert haben.

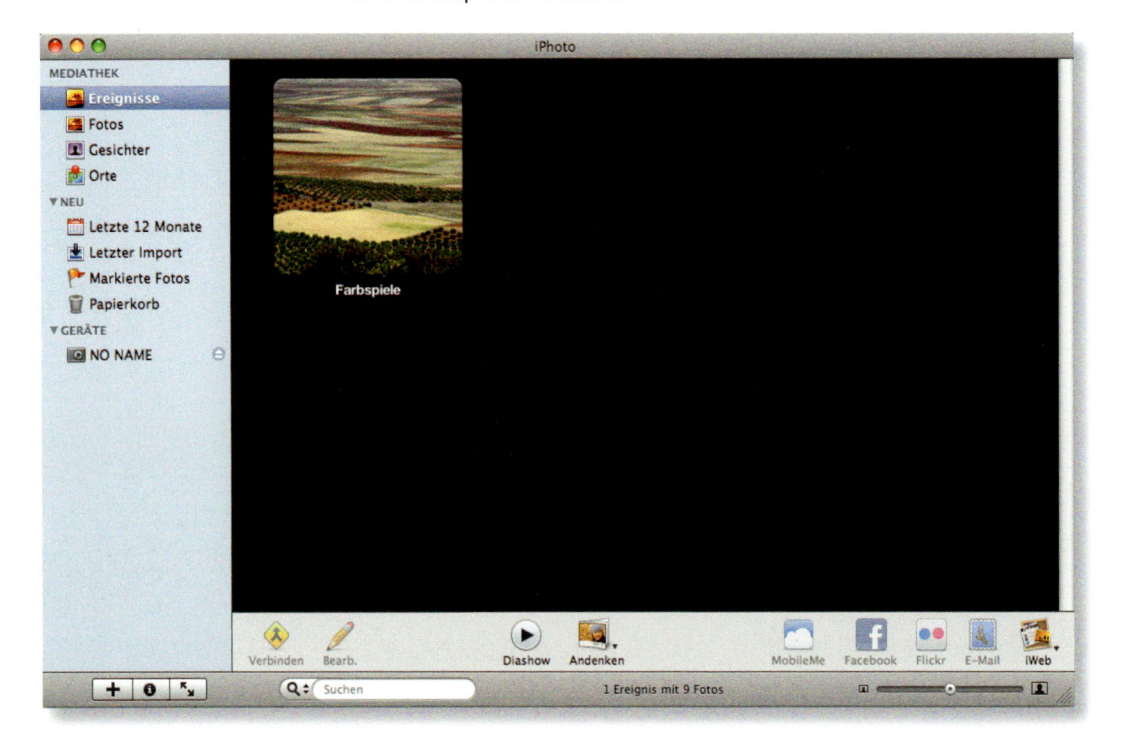

Fahren Sie einmal innerhalb dieses Fotos mit dem Mauszeiger hin und her, ohne dabei zu klicken. iPhoto zeigt Ihnen alle Fotos an, die zu diesem Ereignis gehören.

Wenn Sie alle Fotos eines Ereignisses auf einmal betrachten möchten, klicken Sie doppelt auf das sogenannte Schlüsselfoto (das ist das Bild, das für ein Ereignis steht), und sofort sehen Sie alle Fotos des Ereignisses. Die Reihenfolge der Fotos (wichtig z. B. für eine Diashow) können Sie übrigens verändern: Bewegen Sie dazu ein Bild mit gedrückter Maustaste an die gewünschte Stelle.

> Mit dem Schieberegler können Sie die angezeigten Fotos in der Darstellungsgröße variabel verändern.

88

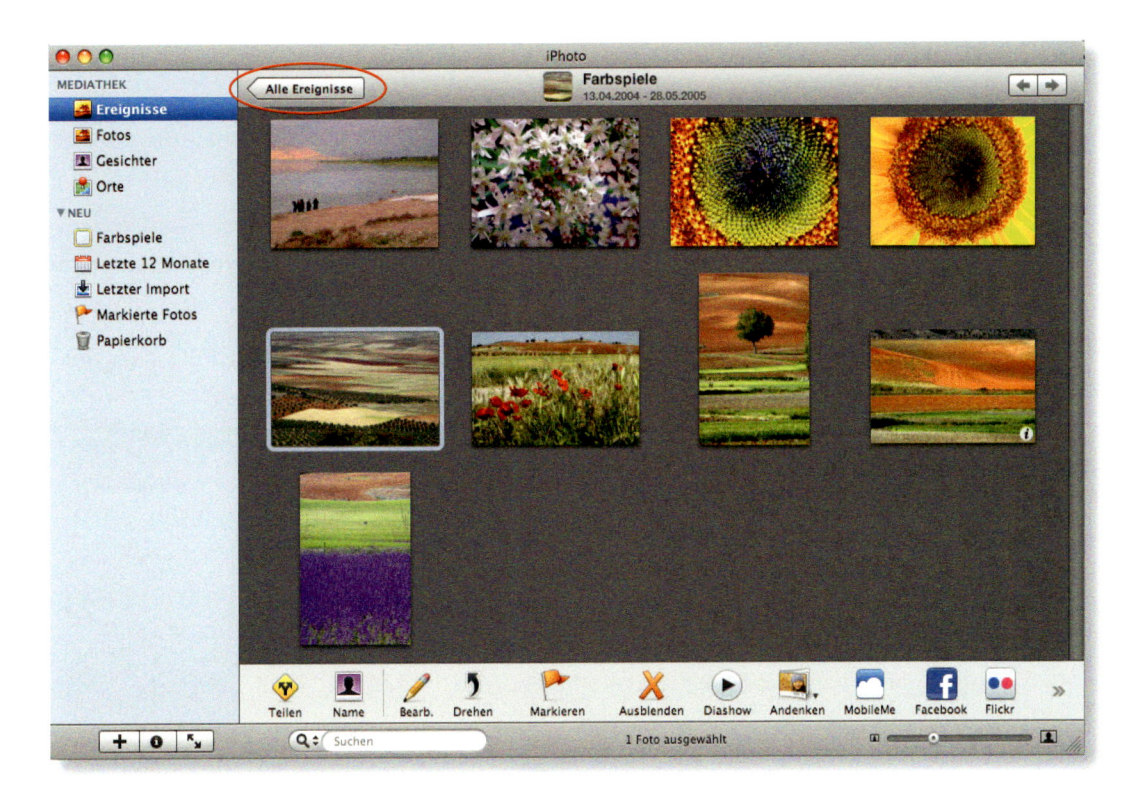

Wenn Sie dieses Schlüsselfoto ändern möchten, markieren Sie das gewünschte Foto mit einem Mausklick (die Markierung ist an der gelben Umrandung zu erkennen) und wählen dann in der Menüleiste unter *Ereignisse* den Befehl *Als Schlüsselfoto festlegen*.

Mit einem Klick auf den Button *Alle Ereignisse* oben in der Fensterleiste kehren Sie zur vorherigen Ereignisdarstellung zurück, wobei nun das neu erstellte Schlüsselfoto das Ereignis repräsentiert.

Alte Fotos auf den Mac bringen

Manchmal scheint sie schon fast vergessen: die Zeit vor der Digitalisierung. Die Zeugen in Form von Papierabzügen oder Diapositiven schlummern aber oft noch in Fotoalben oder Kartons.

Wie Sie schon im 1. Kapitel erfahren haben, benötigt man einen Scanner, um diese älteren Vorlagen auf den Mac zu bringen.

1. Schließen Sie den Scanner an Ihren Mac an. In der Regel geschieht dies wie bei der Kamera über ein USB-Kabel.

2. Für die Bedienung des Scanners ist eine Scanner-Software erforderlich, die Sie als Erstes auf Ihrem Mac installieren müssen. Starten Sie dieses Programm, das natürlich je nach Hersteller des Scanners unterschiedlich aussieht. Im folgenden Bild sehen Sie z. B. den Startbildschirm für einen Scanner von Hewlett Packard.

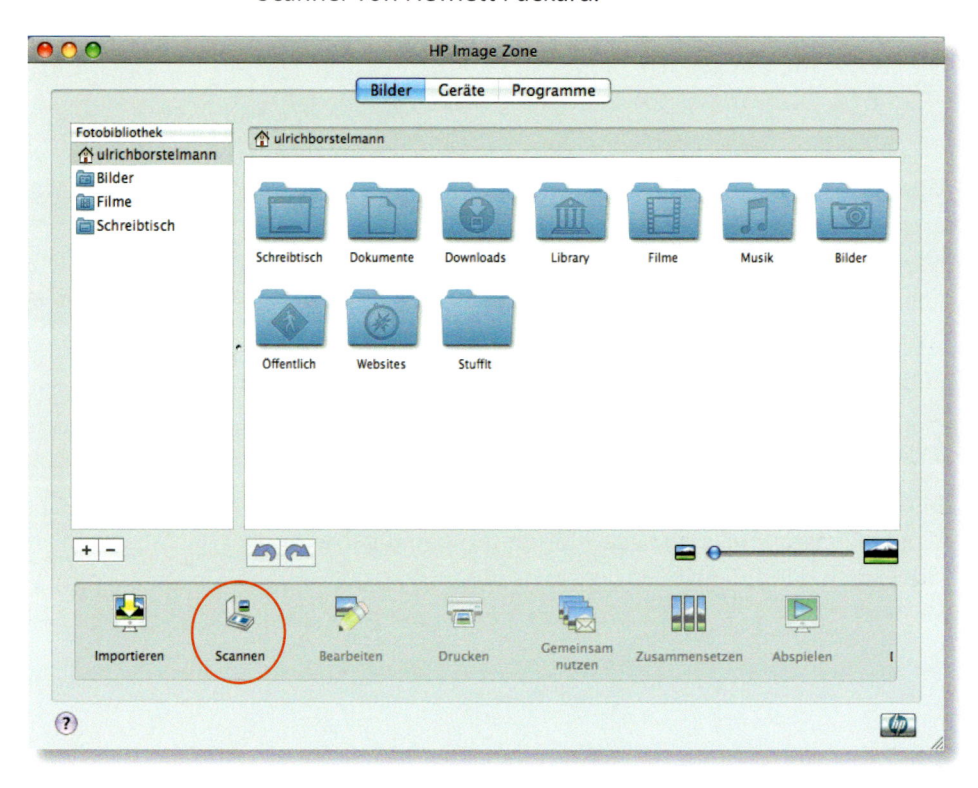

3. Legen Sie das Papierfoto mit der Bildseite nach unten möglichst gerade ausgerichtet auf die Glasfläche des Flachbettscanners.

4. Bevor Sie das Foto einscannen, sollten Sie noch einen Speicherort für die später angelegte Bilddatei festlegen. In diesem Beispiel würde das Foto im persönlichen Ordner abgelegt. Sie können aber natürlich jeden anderen Ordner auswählen oder auch einen neuen anlegen.

5. Ein Mausklick auf die Schaltfläche *Scannen* startet den Scanvorgang.

6. Um das eingescannte Bild (oder auch den Ordner mit mehreren Bildern) nun in iPhoto zur Verfügung zu haben, müssen Sie iPhoto aufrufen und in der Menüleiste unter *Ablage* den Befehl *In die Mediathek importieren …* auswählen. iPhoto fügt dann das ausgewählte Objekt Ihrer Mediathek hinzu. Eine andere Möglichkeit besteht übrigens darin, den Ordner mit den Bildern mit gedrückt gehaltener Maustaste direkt auf die iPhoto-Oberfläche zu bewegen, um so die Fotos der Mediathek hinzuzufügen.

Wenn Sie außer Papierfotos auch Filmnegativstreifen oder Diapositive einscannen möchten, benötigen Sie eine sogenannte Durchsichteinheit, die bei vielen Scannern mitgeliefert wird. Die Vorgehensweise ist dabei die gleiche wie bei Aufsichtvorlagen, deutlich bessere Ergebnisse erzielen Sie allerdings mit einem Filmscanner, der speziell für diese Scanaufgaben konzipiert ist.

> Da ein Filmscanner recht teuer ist, lohnt es sich in diesem Fall durchaus, ein solches Gerät für ein paar Tage auszuleihen.

> Unter »Bildbearbeitung« versteht man das Optimieren eines Fotos in Bezug auf z.B. Farbe, Helligkeit, Kontrast oder Bildausschnitt.

Das kriegen Sie wieder hin

Trotz aller guter Vorbereitung beim Fotografieren kommt es immer wieder einmal zu Ergebnissen, die nicht so sind, wie man sich das eigentlich gedacht hatte. Sei es, dass der Bildausschnitt nicht ganz optimal ist, eine Person auf dem Foto rote Augen hat oder das Bild farblich nicht recht geglückt ist.

iPhoto bietet Ihnen umfangreiche Funktionen für eine nachträgliche Bildbearbeitung, die Sie im Folgenden kennenlernen werden.

Etwas anspruchsvollere Bearbeitungstechniken, bei denen ein wenig Übung erforderlich ist, sind dabei übrigens besonders gekennzeichnet: *Ganz schön schwierig!*

Um ein Foto mit iPhoto zu bearbeiten, müssen Sie zunächst ein Ereignis oder auch einzelnes Foto im Anzeigefenster mit einem Mausklick markieren. Anschließend klicken Sie unten in der Werkzeugleiste auf das nebenstehende Icon, um den Bearbeitungsmodus aufzurufen.

> **Achtung:** Wenn Sie ein Foto im Bearbeitungsmodus verändern, so wird dieses Bild in allen Alben, Diashows (dazu später mehr) etc., in denen es verwendet wird, ebenfalls geändert. Wenn Sie das nicht möchten, müssen Sie vorher ein Duplikat des Fotos erstellen (am einfachsten mit dem Tastenkürzel ⌘+D).

Im vorliegenden Beispiel habe ich ein Ereignis zur Bearbeitung markiert, deshalb sehen Sie alle Bilder dieses Ereignisses in einer horizontalen Bildleiste oberhalb des Anzeigefensters. Das gelb umrandete Bild ist ausgewählt und wird für die Bearbeitung im Anzeigebereich bereitgestellt.

Anzeige aller Bilder des zugehörigen Ereignisses. Das markierte Bild mit der gelben Umrandung ist für die Bearbeitung ausgewählt.

Darstellungsgröße verändern

Bearbeitung beenden

Im Bearbeitungsmodus hat die Werkzeugleiste ihr Aussehen verändert: Eine ganze Reihe von Werkzeugen wartet darauf, von Ihnen eingesetzt zu werden. Was Sie mit den einzelnen Werkzeugen an Ihrem Foto so alles anstellen können, zeige ich Ihnen jetzt.

Wenn Sie eine Bearbeitungsfunktion rückgängig machen möchten, klicken Sie einfach das Tastenkürzel ⌘ Z.

Ein Foto drehen

Mit einem Klick auf die Schaltfläche *Drehen* können Sie ein vorher ausgewähltes Bild um 90° entgegen dem Uhrzeigersinn drehen. Diesen Befehl (und noch ein paar weitere oft benutzte) finden Sie übrigens auch in einem Kontextmenü, das sich bei gedrückt gehaltener `ctrl`-Taste mit einem Klick auf das Foto öffnet.

Ein Foto freistellen

1. Um den Bildausschnitt eines Fotos festzulegen, klicken Sie auf die Schaltfläche *Freistellen*.

2. Das Bild erhält eine Maske, die Sie mit der Maus an den Rändern durch Ziehen verändern können. Sobald Sie diese Maske kleiner oder größer ziehen, wird ein Raster eingeblendet, das Ihnen beim Festlegen des Bildausschnitts eine optische Hilfe bietet.

3. Zusätzlich können Sie sich beim passenden Seitenverhältnis helfen lassen, indem Sie das Kästchen *Format* anklicken und anschließend auf das Auswahlmenü zum Format klicken (links neben der *Abbrechen*-Schaltfläche). iPhoto blendet dann ein paar gängige Formate ein, die Sie mit der Maus auswählen können. Darüber hinaus lässt sich auch ein eigenes Format festlegen.

4. Wenn Sie mit dem gewählten Ausschnitt zufrieden sind, klicken Sie auf die Schaltfläche *Anwenden*, ansonsten auf *Abbrechen*.

Ein Foto begradigen

Manchmal hat man beim Fotografieren die Kamera nicht ganz gerade gehalten, sodass die Aufnahme schief geworden ist.

1. Über die Schaltfläche *Begradigen* lässt sich dieser kleine Fehler schnell beheben.

2. Mit dem eingeblendeten Schieberegler können Sie (innerhalb gewisser Grenzen) den Winkel des Bildes verändern. Nach einem Klick auf die Schaltfläche *Fertig* werden die Änderungen übernommen. Ein Klick auf das kleine x bricht die Bearbeitung ab. Auch bei dieser Funktion hilft Ihnen ein eingeblendetes Raster beim Ausrichten des Fotos.

Kapitel 3   Zauberei am Mac

abbrechen — Schieberegler

Ein Foto automatisch verbessern

Hinter der Schaltfläche *Verbessern* verbirgt sich eine Art Zauberstab, der mit einem Klick die Farb- und Kontrastwiedergabe eines Fotos automatisch verbessert. (Meistens jedenfalls, probieren Sie es einfach mal aus.)

> Wenn ein Klick auf »Verbessern« kein begeisterndes Ergebnis bringt, müssen Sie die Sache manuell über die Funktion »Anpassen« durchführen (siehe Seite 99).

Rote Augen entfernen

Der Rote-Augen-Effekt tritt häufig bei Blitzaufnahmen auf: Die aufgenommene Person zeigt die berühmten roten Augen.

1. Zunächst sollten Sie das Foto mit dem Schieberegler unten rechts in der Werkzeugleiste so weit vergrößern, dass Sie den Augenbereich gut sehen können.

2. Klicken Sie auf die Schaltfläche *Rote Augen*.

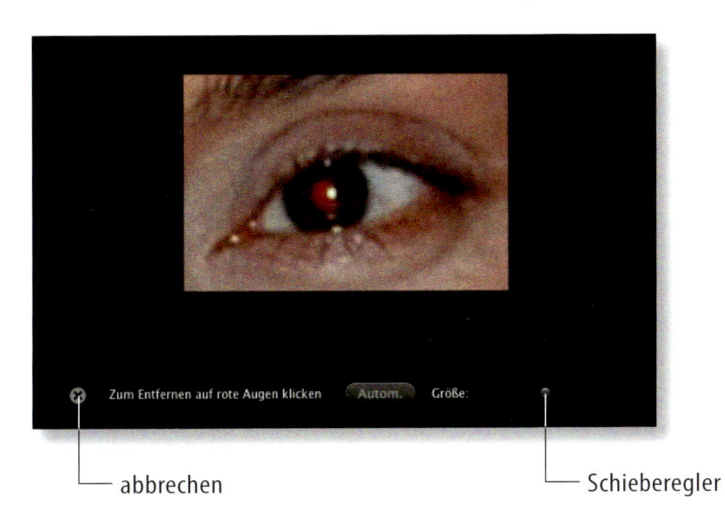

abbrechen — Schieberegler

3. Wenn iPhoto auf dem Foto ein Gesicht erkennt (zur Gesichtererkennung erfahren Sie später noch mehr), reicht in der Regel ein Mausklick auf die Schaltfläche *Autom*. Sollte das nicht funktionieren, müssen Sie die Korrekur manuell vornehmen. Dazu wählen Sie mit dem Mauszeiger zunächst die Größe des Korrekturwerkzeugs: Ziehen Sie den Schieberegler so weit nach rechts, bis der eingeblendete Werkzeugdurchmesser ungefähr dem Pupillendurchmesser entspricht. Anschließend bewegen Sie das Werkzeug mit der Maus über die Mitte der Pupille und klicken einmal. Nach der Korrektur können Sie durch Drücken der ⇧-Taste das bearbeitete Foto schnell mit der Originalversion vergleichen. Ein Klick auf das kleine x bricht die Bearbeitung ab.

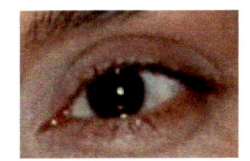

Kapitel 3   Zauberei am Mac

Ein Foto retuschieren

Kleinere Schönheitsfehler wie z. B. Leberflecke oder Pickel sind mit der Retuschieren-Funktion zu beheben. Auch Staub oder Kratzer können Sie mit dem Retuschepinsel entfernen.

1. Klicken Sie auf die Schaltfläche *Retuschieren*.

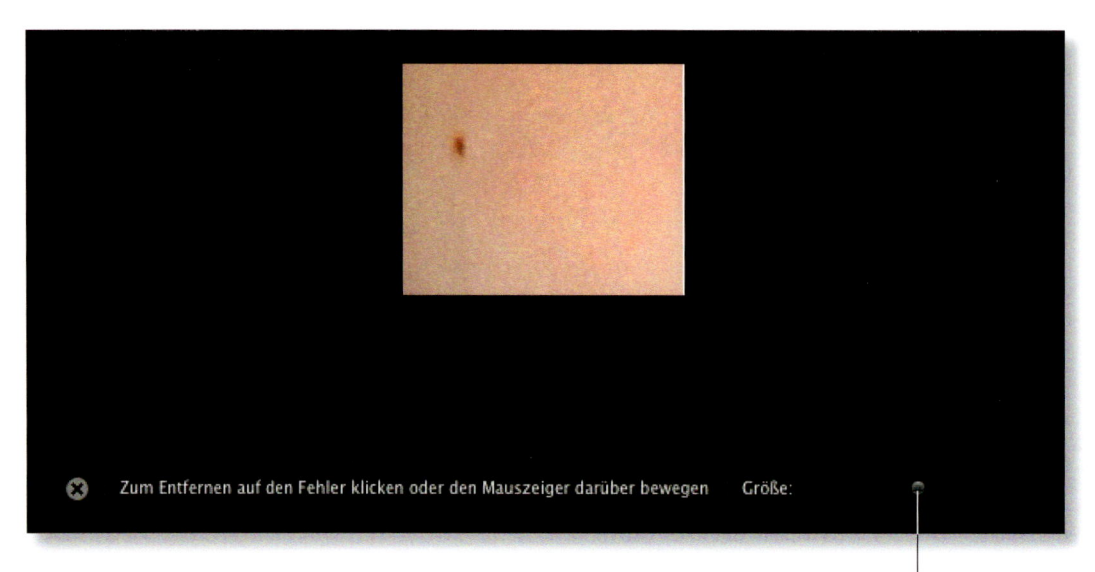

Größe des Retuschewerkzeugs verändern

2. Klicken Sie mit dem eingeblendeten Werkzeug auf die entsprechende Stelle. Normalerweise reicht ein Mausklick, Sie können aber auch mit gedrückt gehaltener Maustaste über einen größeren Bereich ziehen. Wenn Sie mit dem Ergebnis nicht zufrieden sind, nehmen Sie vielleicht einmal einen kleineren oder größeren Werkzeugdurchmesser (veränderbar über den Schieberegler). Probieren Sie es einfach nach Herzenslust aus. Misslungene Versuche können Sie ja jederzeit mit ⌘+Z rückgängig machen. Mit zunehmender Übung wird Ihnen das Retuschieren immer leichter fallen.

Ein Foto scharfzeichnen

Hinter der Bearbeitungsfunktion *Anpassen* verbergen sich vielfältige Einstellungsmöglichkeiten, um ein Foto zu verändern. So lässt sich über diese Schaltfläche z. B. die Helligkeit, der Kontrast oder die Farbeinstellungen eines Bildes anpassen.

Veränderungen, die Sie hier vornehmen, können Sie sofort am ausgewählten Foto sehen.

Ich werde auf den nächsten Seiten auf die verschiedenen Funktionen noch näher eingehen, doch in diesem Abschnitt geht es zunächst einmal um das Schärfen eines Fotos. Auch dies funktioniert über die Schaltfläche *Anpassen*.

1. Als Erstes lassen Sie das zu bearbeitende Foto in voller Größe anzeigen, weil Sie den Effekt des Scharfzeichnens an den Bilddetails am besten verfolgen können. Dazu drücken Sie die Taste 1 oder vergrößern die Bildanzeige über den Schieberegler unterhalb der Werkzeugleiste.

> Immer wenn die Fenstergröße von iPhoto nicht ausreicht, um ein Foto innerhalb des Anzeigebereichs im Ganzen anzuzeigen, wird automatisch ein kleines Navigationsfenster geöffnet. Sie können dort sofort sehen, welcher Bildbereich gerade im Anzeigefenster dargestellt werden kann. Mit gedrückt gehaltener Maustaste können Sie diesen Bildbereich bequem verschieben und sich so die gewünschte Bildstelle heraussuchen und zeigen lassen.

2. Klicken Sie auf die Schaltfläche *Anpassen*.

3. Es öffnet sich ein Fenster, in dem Sie mithilfe von Schiebereglern die verschiedensten Einstellungen an Ihrem Foto machen können. Einen Eindruck von dem, was hier so alles möglich ist, gibt Ihnen die Abbildung auf der nächsten Seite.

Kapitel 3 Zauberei am Mac

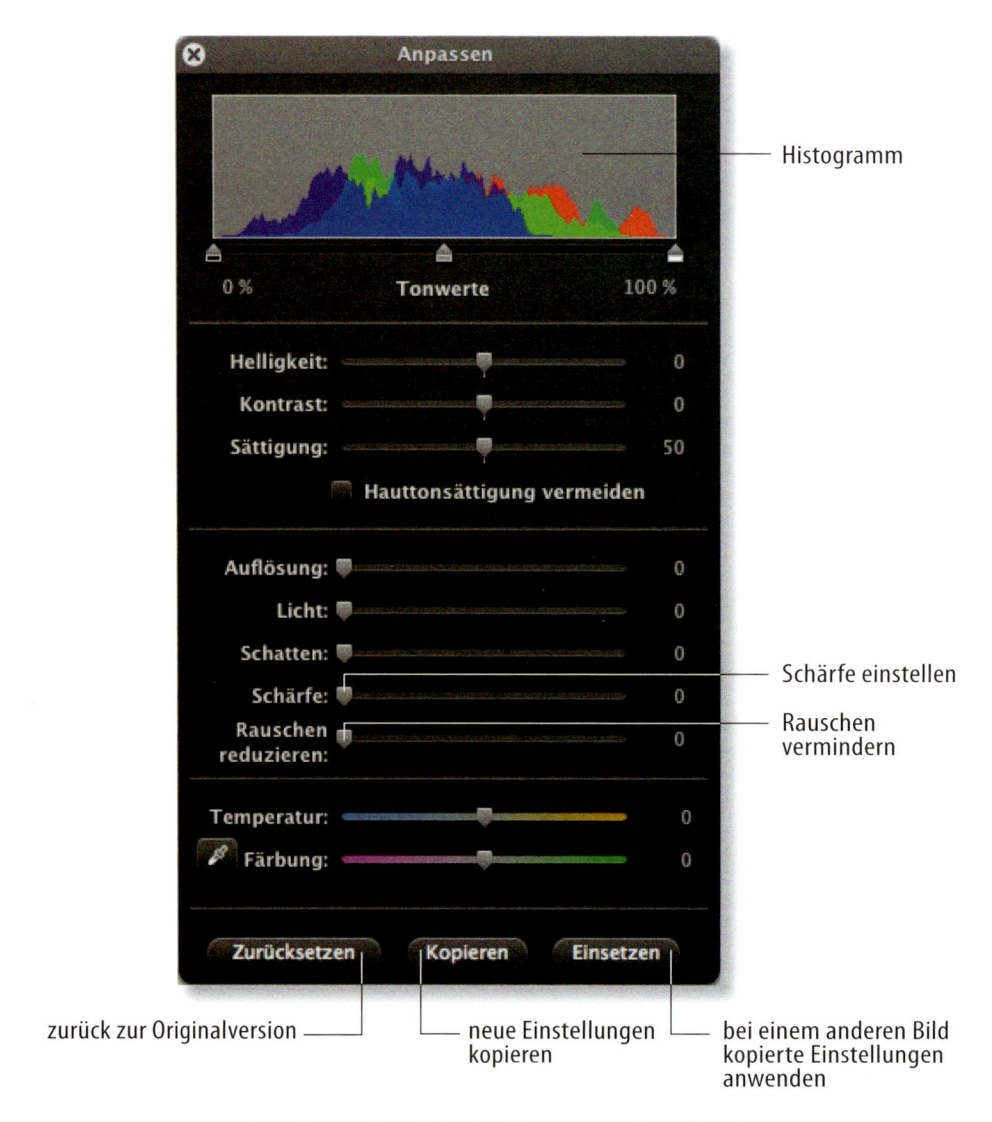

Bildbeschriftungen (Fenster "Anpassen"):
- Histogramm
- Schärfe einstellen
- Rauschen vermindern
- zurück zur Originalversion
- neue Einstellungen kopieren
- bei einem anderen Bild kopierte Einstellungen anwenden

> Auf Seite 106 werden Sie das Histogramm dazu benutzen, um die Tonwerte eines Fotos gezielt anzupassen.

Im oberen Bereich des Fensters sehen Sie ein sogenanntes *Histogramm*. Jedes Foto wird durch bestimmte Helligkeitswerte (man sagt auch: Tonwerte) definiert, und die Verteilung dieser Werte wird hier angezeigt. Sobald Sie mit der Maus einen Schieberegler in seiner Position verändern, sehen Sie die Veränderung nicht nur am Foto, sondern auch im Histogramm.

Hilfreich sind die drei Schaltflächen im unteren Teil des Fensters, die Ihnen ebenfalls bei allen Bildanpassungen zur Verfügung stehen (also nicht nur beim Scharfzeichnen):

- *Zurücksetzen*: Wenn Sie sich bei einer Veränderung zu weit vorgewagt haben, so bringt Sie ein Klick auf diese Schaltfläche wieder zur Ursprungsfassung des Bildes zurück.

- *Kopieren*: Möchten Sie die gleichen neuen Einstellungen, die Sie vorgenommen haben, auf ein anderes Foto anwenden, so klicken Sie auf diese Schaltfläche.

- Wenn Sie nämlich dann anschließend das andere Foto durch einen Klick auf die Miniatur in der Fotoübersicht auswählen, können Sie die vorher kopierten Einstellungen exakt übertragen. Klicken Sie dazu auf die Schaltfläche *Einsetzen*.

> **Digitales Rauschen**
> Durch das Schärfen des Fotos wird leider auch das sogenannte Rauschen verstärkt, das sich in einer unerwünschten Körnigkeit des Bildes bemerkbar macht. Über den Schieberegler »Rauschen reduzieren« können Sie diesen Effekt vermindern.

Nach diesen grundsätzlichen Hinweisen zum *Anpassen*-Fenster können Sie nun aber endlich das Scharfzeichnen ausprobieren.

4. Bewegen Sie den Schieberegler *Schärfe* mit gedrückt gehaltener Maustaste nach rechts, um die Schärfe des Fotos zu erhöhen, bzw. nach links, um sie wieder zu verringern.

5. Wenn Sie mit dem Ergebnis zufrieden sind, beendet ein Klick auf die Schaltfläche *Fertig* in der Werkzeugleiste den Bearbeitungsmodus und die vorgenommenen Veränderungen werden übernommen.

Die Helligkeit eines Fotos verändern

Manchmal ist eine Aufnahme zu hell oder zu dunkel geworden. Um die Gesamthelligkeit eines Fotos zu verändern, nehmen Sie wieder die *Anpassen*-Funktion in der Werkzeugleiste zu Hilfe. Sicher wissen Sie jetzt schon, wie es funktioniert:

1. Klicken Sie auf die Schaltfläche *Anpassen*.

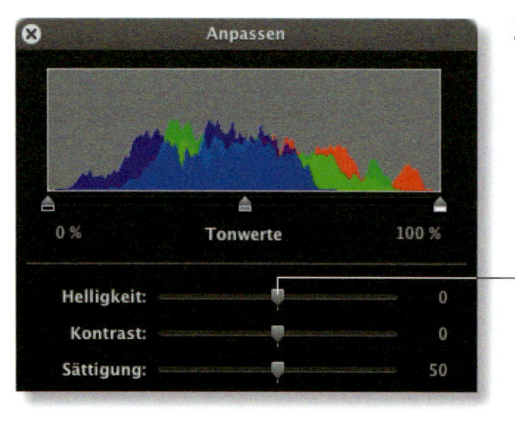

2. Mit gedrückt gehaltener Maustaste schieben Sie den Helligkeitsregler nach rechts, um die Helligkeit zu erhöhen, bzw. nach links, um sie zu verringern.

Helligkeit einstellen

Den Kontrast eines Fotos verändern

Als Kontrast eines Fotos bezeichnet man den Unterschied zwischen hellen und dunklen Bildbereichen. Wenn Sie also den Kontrast eines Fotos verringern, werden helle Bereiche dunkler und dunkle Bildbereiche heller.

1. Klicken Sie auf die Schaltfläche *Anpassen*.

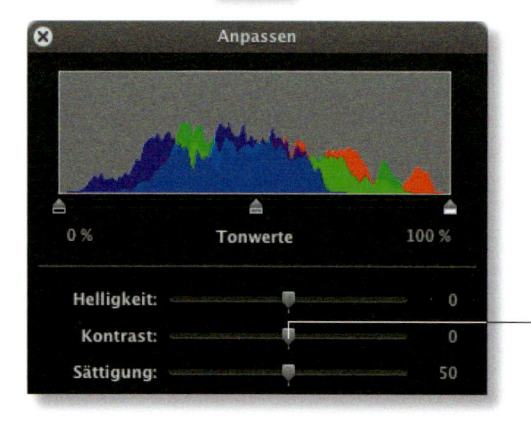

2. Mit gedrückt gehaltener Maustaste schieben Sie den Kontrastregler nach rechts, um den Kontrast zu erhöhen, bzw. nach links, um ihn zu verringern.

Kontrast einstellen

Auch hier sehen Sie die Veränderung nicht nur am Foto, sondern ebenfalls im Histogramm: Bei einer Verringerung des Kontrasts wird das Histogramm gestaucht, bei einer Erhöhung wird es gestreckt.

Einen Farbstich entfernen

Ganz schön schwierig!

Wenn eine Aufnahme einen Farbstich aufweist, so können Sie dies mit einer Anpassung der sogenannten Farbbalance im Foto korrigieren.

1. Klicken Sie auf die Schaltfläche *Anpassen*.

2. Im *Anpassen*-Fenster klicken Sie jetzt auf das Pipetten-Symbol.

3. Das Beispielfoto weist einen leichten Gelbstich auf. Um dies zu beheben, suchen Sie nun mit dem Mauszeiger eine Stelle im Foto, die einem möglichst neutralen Grau oder Weiß entspricht (im Bild unten rot eingekringelt).

Kapitel 3   Zauberei am Mac

> Achten Sie bei der Auswahl der Bildstelle darauf, keine überbelichtete (zu helle) Stelle auszuwählen, da es sonst schnell zu sehr farbenfrohen Effekten kommen kann.

4. Wenn Sie jetzt an dieser Stelle klicken, korrigiert iPhoto die Farbbalance des Fotos. Sie erkennen das zum einen am leicht geänderten Histogramm, aber auch an den veränderten Positionen der Regler für *Temperatur* und *Färbung*. Die Temperatur beschreibt übrigens die Kälte oder Wärme der Farben in Ihrem Foto.

Fotos während der Bearbeitung vergleichen
Wenn Sie die ⇧-Taste drücken, wird Ihnen die unbearbeitete Version des Fotos angezeigt. Sobald Sie sie loslassen, sehen Sie wieder die geänderte Version. Dies funktioniert bei allen Bildbearbeitungen mit iPhoto.

In der Regel reichen kleine Anpassungen, um das gewünschte Ergebnis zu erzielen. Grobe Veränderungen führen eher zu unnatürlichen Farbverschiebungen. Nachfolgend sehen Sie die Anpassung der Farbbalance noch einmal im Vergleich.

vorher *nachher*

5. Wenn Sie mit dem Ergebnis zufrieden sind, übernehmen Sie die Änderungen und beenden den Bearbeitungsmodus mit einem Klick auf die Schaltfläche *Fertig*.

Farben in einem Foto intensivieren

Wenn die Farben in einem Foto ein wenig blass wirken oder – im Gegenteil – zu »knallig« sind, können Sie die Farbstärke anpassen. Dies erreichen Sie im *Anpassen*-Fenster über den Schieberegler *Sättigung*.

1. Klicken Sie auf die Schaltfläche *Anpassen*.

Kapitel 3 Zauberei am Mac

Sättigung einstellen

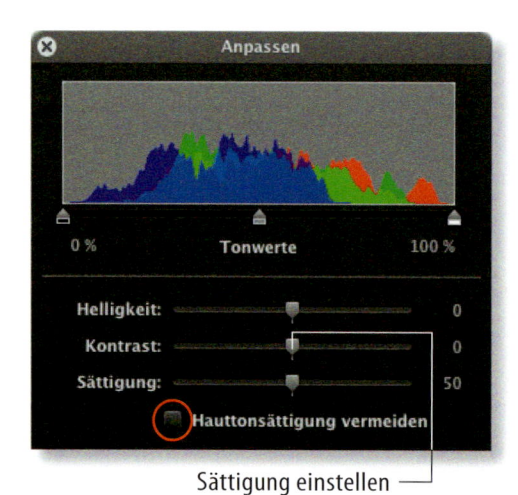

2. Um zu blasse Farben zu intensivieren, ziehen Sie den Regler nach rechts; um zu kräftige Farben abzuschwächen, ziehen Sie ihn nach links. Hilfreich ist hierbei das kleine Kontrollkästchen *Hauttonsättigung vermeiden*. Wenn sich z. B. Gesichter auf Ihrem Foto befinden, sollten Sie dieses Kästchen vorher mit einem Mausklick anwählen, denn dann werden Hauttöne bei der Anpassung der Farbintensität ausgenommen.

Die Tonwerte eines Fotos anpassen

Ganz schön schwierig!

Eine etwas komplexere Bearbeitung eines Fotos ist die Anpassung der Tonwerte. Mit einer gelungenen Tonwertkorrektur können Sie eine detailliertere Darstellung des Bildes erzielen und auch Belichtungsfehler beheben.

Entscheidendes Hilfsmittel hierzu ist das Histogramm, das Ihnen ja vom *Anpassen*-Fenster bekannt ist, und Sie wissen bereits, dass dieses Diagramm die Verteilung der Helligkeitswerte in einem Foto wiedergibt. Je höher die »Bergspitze« im Histogramm ist, desto häufiger kommt der entsprechende Helligkeitswert im Foto vor.

Links befinden sich die dunklen Töne bis zu Schwarz (sogenannte Tiefen), und rechts sind die hellen Töne bis zu Weiß (sogenannte Lichter) dargestellt.

Die Pegel für Tiefen und Lichter sowie die Mitteltöne können Sie mit den drei Reglern einstellen, die sich unterhalb des Histogramms befinden, und damit die Tonwertkorrektur durchführen.

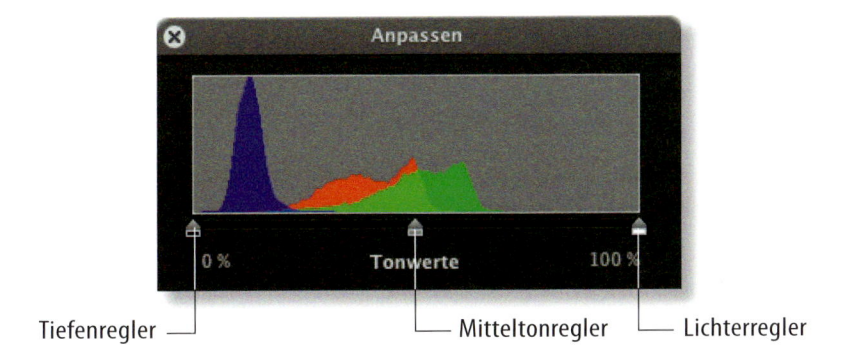

Tiefenregler — Mitteltonregler — Lichterregler

Wenn Sie also den linken Tiefenregler mit der Maustaste nach rechts bewegen, werden die Schwarztöne im Bild schwärzer. Entsprechend bewirkt das Verschieben des rechten Lichterreglers nach links, dass die Weißtöne heller werden.

Das sollten Sie aber nicht beliebig durchführen, sondern die Regler nur jeweils bis zu dem Punkt schieben, an dem der erste »Berg« im Histogramm deutlich nach oben führt. Andernfalls beschneiden Sie die Tonwertkurve zu stark und die beschnittenen Tonwerte werden aus Ihrem Foto entfernt.

Ziemlich viel Theorie, also sehen Sie sich das Ganze am besten an einem Beispiel an.

1. Klicken Sie auf die Schaltfläche *Anpassen*.

2. Schieben Sie nun zunächst den linken Tiefenregler bis zum Beginn des ersten Berges im Histogramm und anschließend den rechten Lichterregler nach links, ebenfalls bis zum Fuß des ersten (rechten) Berges im Histogramm.

3. Zum Schluss können Sie noch den Mitteltonregler (für die Mitteltöne) nach links oder rechts bewegen, bis Ihnen die Einstellung gefällt.

Auf der folgenden Seite sehen Sie das Foto vor und nach der Bearbeitung zusammen mit den jeweiligen Histogrammen.

Kapitel 3   Zauberei am Mac

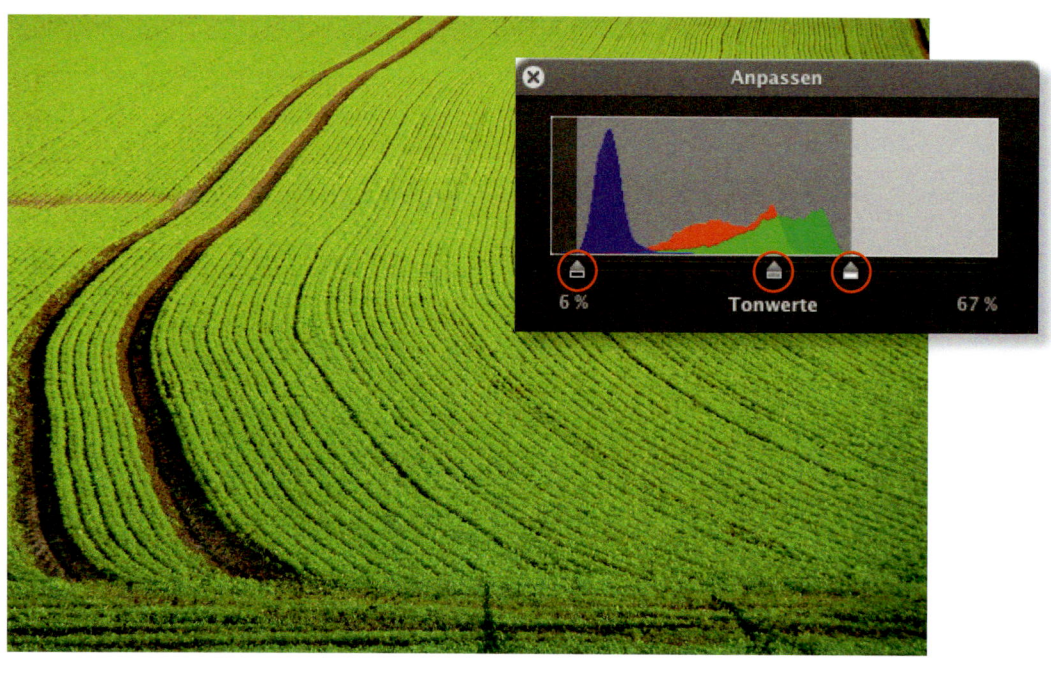

Fotos mit dem Mac fantasievoll gestalten

Eine Möglichkeit, Bilder am Mac kreativ zu verändern, haben Sie mittlerweile schon kennengelernt: Über die Schaltfläche *Anpassen* haben Sie beim mutigen Herumprobieren mit den verschiedenen Schiebereglern sicher das ein oder andere überraschende Ergebnis hervorgezaubert.

Wenn Sie sich die Bearbeiten-Werkzeugleiste von iPhoto aufmerksam angesehen haben, werden Sie vermutlich bemerkt haben, dass ich eine Schaltfläche bisher nicht angesprochen hatte: die Schaltfläche *Effekte*.

Hiermit sollten Sie unbedingt ein wenig experimentieren, denn mit den hier angebotenen Effekten können Sie die Wirkung eines Bildes dramatisch verändern. Nachfolgend zeige ich Ihnen einige der Bearbeitungsmöglichkeiten.

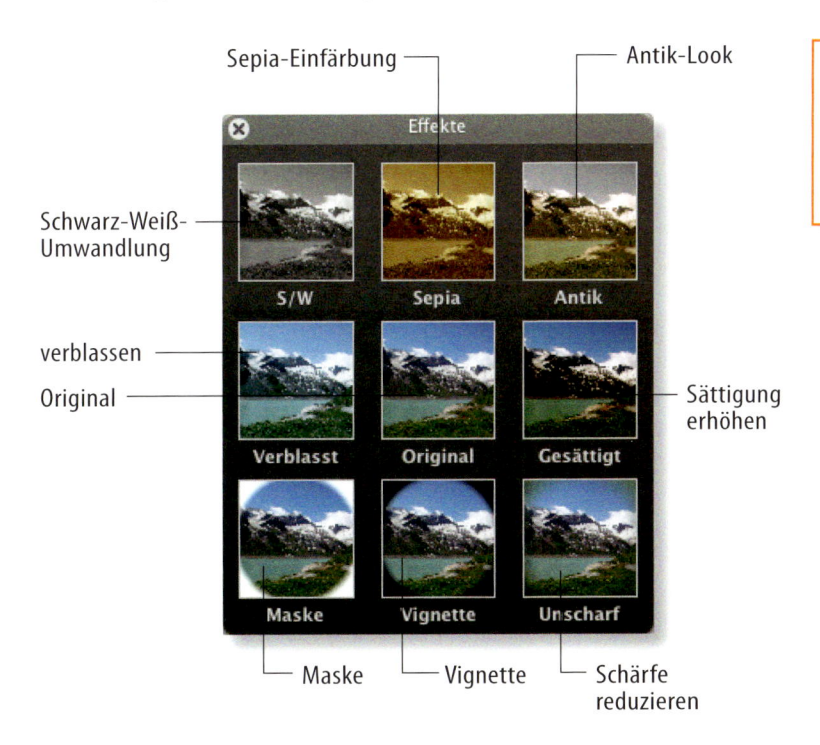

Mit einem Klick auf »Original« kehren Sie zur Ursprungsfassung zurück.

Kapitel 3   Zauberei am Mac

Aus Farbe wird Schwarz-Weiß

Auch wenn sich der überwiegende Teil der aufgenommenen Fotos in Farbe präsentiert, so kann ein Schwarz-Weiß-Foto seinen ganz besonderen Reiz haben.

1. Klicken Sie auf die Schaltfläche *Effekte*.
2. Für eine Schwarz-Weiß-Umwandlung klicken Sie in der Palette *Effekte* auf die Miniaturvorschau *S-W*.

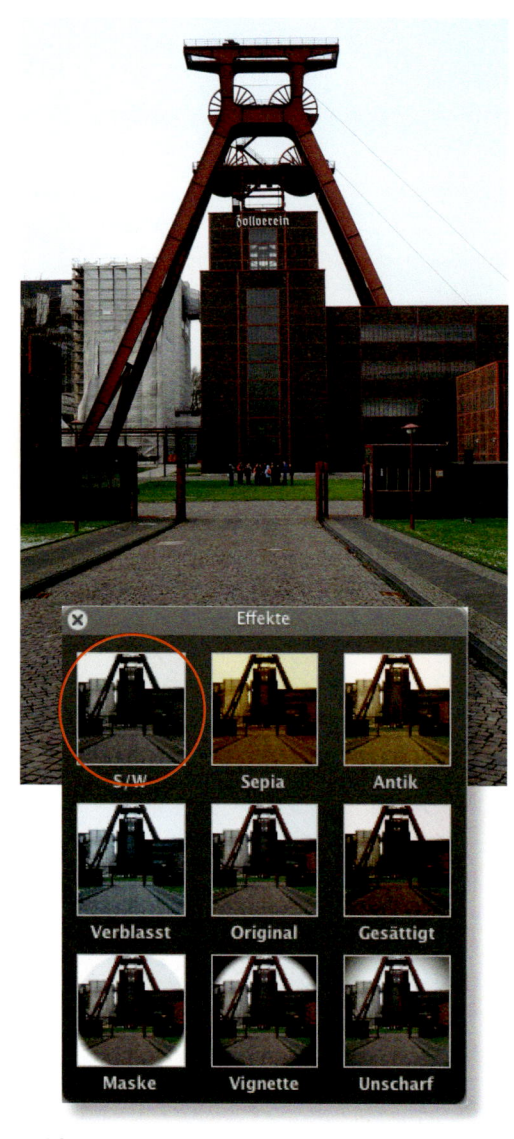

Antik-Look

Eine sehr charmante Wirkung erzielen Sie mit dem Effekt *Antik*, und jetzt können Sie es sicher schon ohne Hilfe: Dreimaliges Klicken auf die Miniatur *Antik* brachte das folgende Ergebnis:

Filtereffekte kombinieren

Die einzelnen Effekte in der *Effekte*-Palette lassen sich auch miteinander kombinieren. Außerdem können Sie die Stärke des angewendeten Effekts beeinflussen. *Ein* Klick auf eine Schaltfläche bedeutet eine geringe Wirkung, mit jedem weiteren Klick auf dieselbe Schaltfläche erhöhen Sie die Wirkung des Effekts. Mit den kleinen Pfeilen, die bei Anwahl eines Effekts sichtbar sind, können Sie in der Wirkung stufenweise »vor- und zurückblättern«. Für das nachfolgende Beispiel habe ich den Effekt *Sepia* sowie den Effekt *Vignette* der Stufe 6 gewählt.

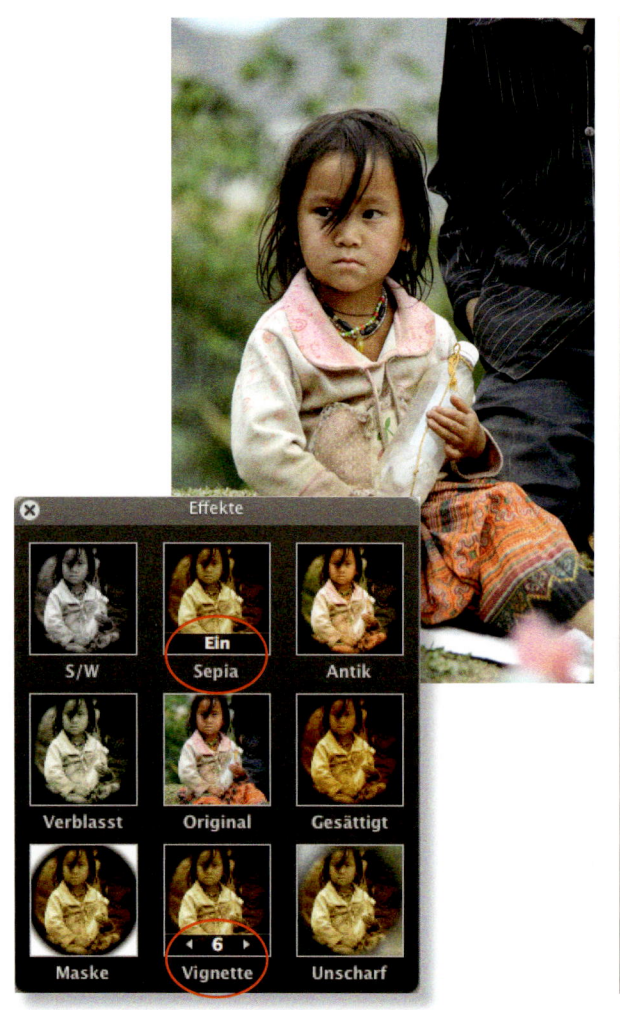

Photoshop Elements für Ehrgeizige

Die Möglichkeiten, einem Bild mit iPhoto den letzten Schliff zu geben, sind in vielen Fällen schon ausreichend. Aber wer sich noch eingehender mit der Bildbearbeitung am Mac beschäftigen möchte, sollte sich darüber hinaus auch Photoshop Elements einmal anschauen.

Beim Aufrufen des Programms werden Sie zunächst von einem Startbildschirm begrüßt, der bereits zeigt, dass Photoshop Elements ein sehr mächtiges Programm ist. So können Sie es u. a. auch zum Import Ihrer Fotos von der Kamera einrichten oder Ihre Fotos mithilfe des mitgelieferten Programms Adobe Bridge verwalten.

> Ich verwende in diesem Buch die derzeit für den Mac aktuellste Programmversion 6.

Leider kann ich aus Platzgründen nur einen kleinen Ausflug in die Welt der fortgeschrittenen Bildbearbeitung machen, der Ihnen aber beispielhaft zeigen wird, was so alles möglich ist.

Um das Programm auszuprobieren, brauchen Sie aber erst einmal freien Blick auf das Hauptfenster von Photoshop Elements. Deshalb schließen Sie den Startbildschirm mit einem Klick auf den Button *Schließen*.

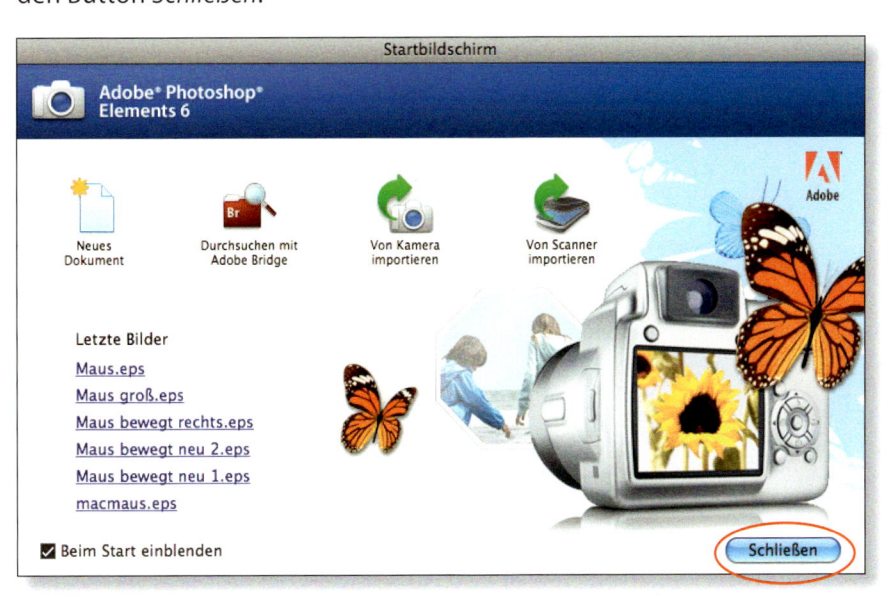

Kapitel 3 Zauberei am Mac

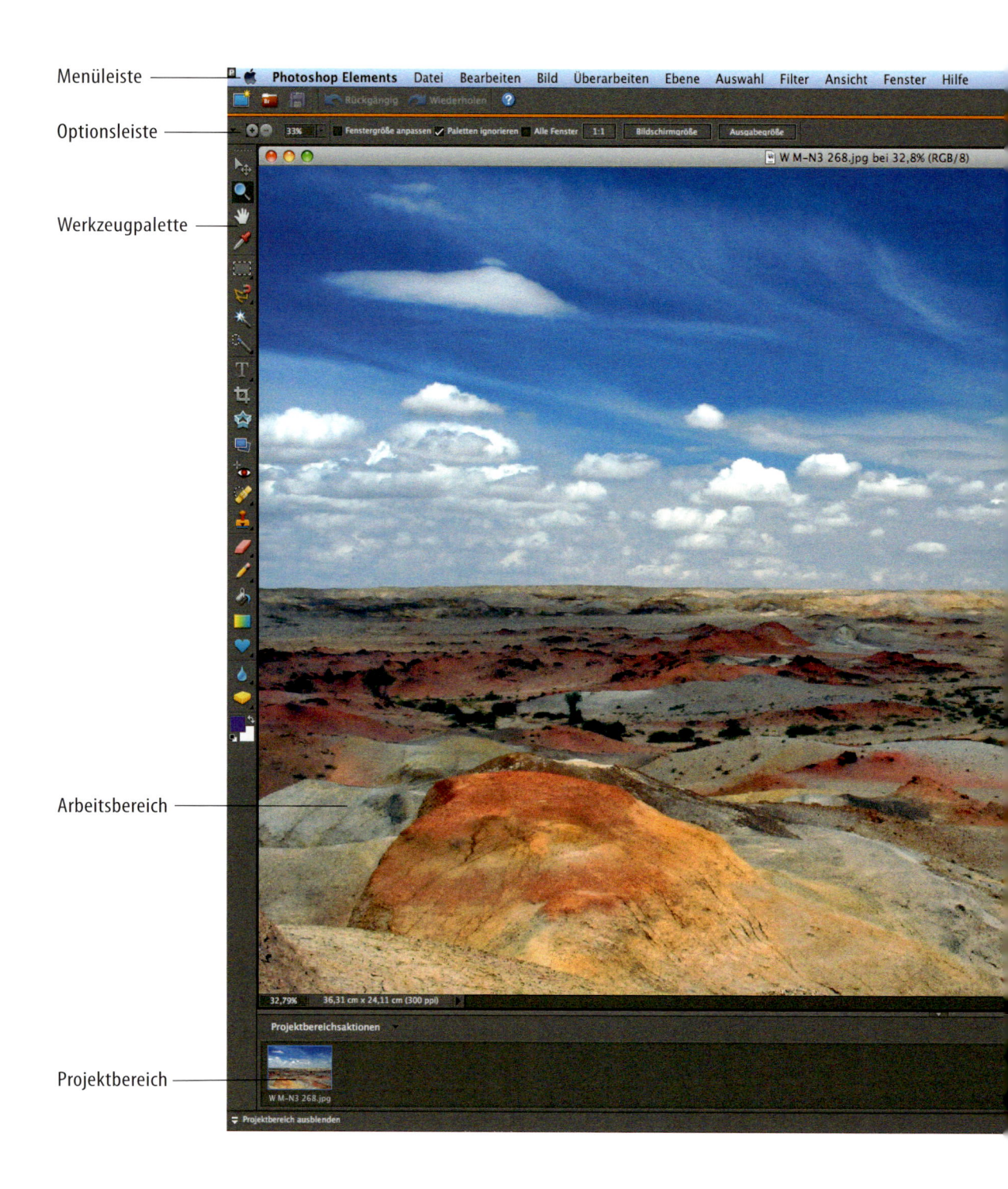

Menüleiste

Optionsleiste

Werkzeugpalette

Arbeitsbereich

Projektbereich

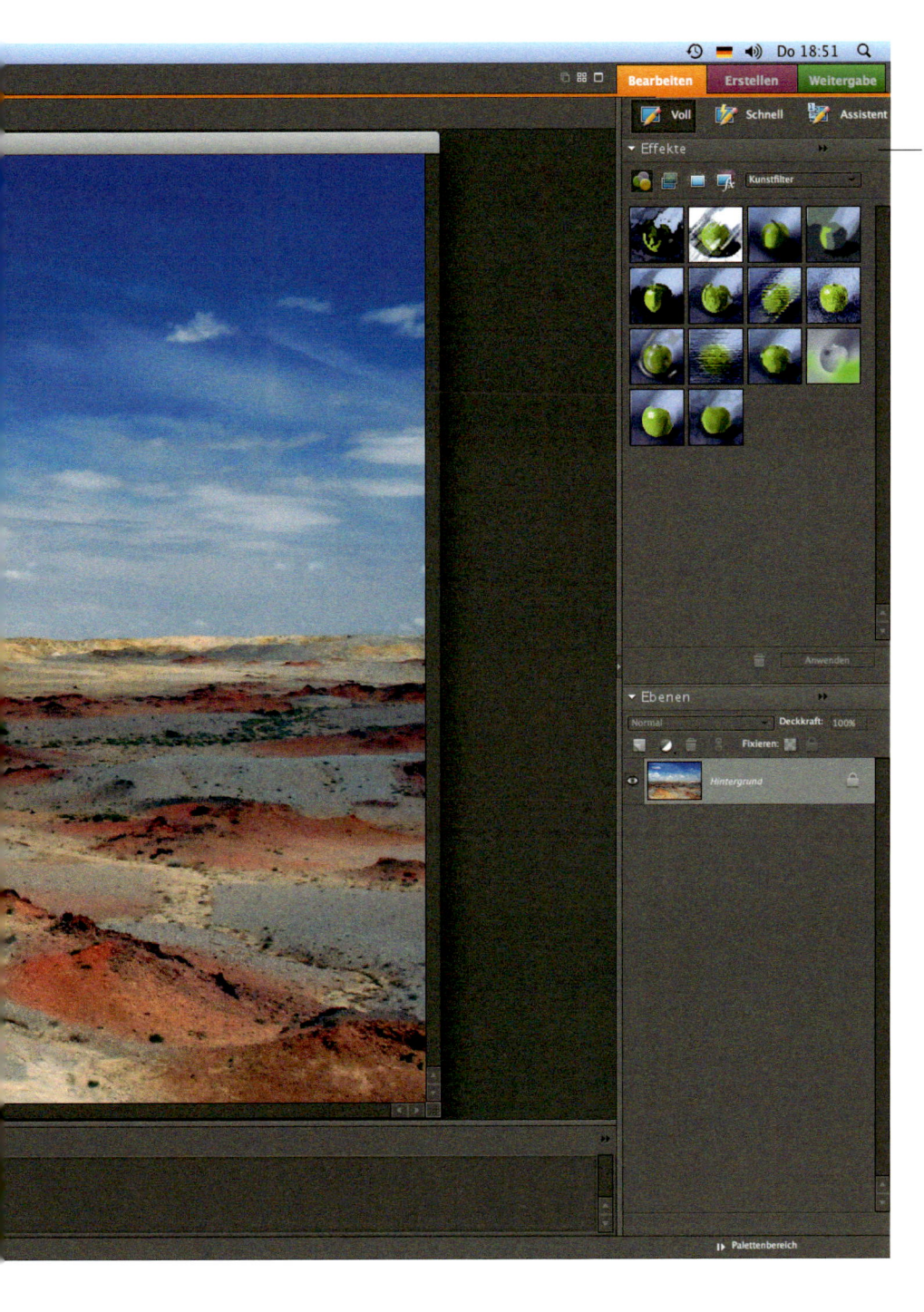

— Palettenbereich

Die Vielzahl von verschiedenen Bereichen und Schaltflächen im Hauptfenster von Photoshop Elements sollte Sie nicht verwirren. Mit ein bisschen Übung werden Sie sich schon bald gut zurechtfinden.

- In der Übersicht auf der vorhergehenden Seite erkennen Sie als größten Bereich des Fensters den sogenannten *Arbeitsbereich*. Wenn Sie ein Foto mit Photoshop Elements öffnen, wird es in diesem Teil des Fensters angezeigt, und hier nehmen Sie auch die Bearbeitungen am Bild vor.

- Sie können auch mehrere Bilder gleichzeitig in Photoshop Elements öffnen. Jedes der geladenen Bilder ist im Miniaturformat zusätzlich im sogenannten *Projektbereich* zu sehen. Wenn Sie eine solche Miniaturabbildung dort anklicken, wird es im Arbeitsbereich in den Vordergrund geholt.

- Um Bearbeitungen an Ihrem Foto vorzunehmen, finden Sie unterschiedlichste Werkzeuge in der *Werkzeugpalette* am linken Rand des Fensters.

- Abhängig davon, welches Werkzeug Sie für die Bearbeitung ausgewählt haben, finden Sie in der *Optionsleiste* verschiedene Schaltflächen oder Auswahlmenüs, um Einstellungen für die entsprechende Bearbeitungsaktion vorzunehmen.

- Schließlich gibt es noch den *Palettenbereich* auf der rechten Seite des Fensters von Photoshop Elements. Zuoberst in diesem Bereich sehen Sie drei Schaltflächen mit den Beschriftungen *Bearbeiten*, *Erstellen* und *Weitergabe*. Bei dem kleinen Ausflug in dieses Programm beschränke ich mich auf die Schaltfläche *Bearbeiten*. Wenn Sie auf diese Schaltfläche und anschließend auf den Button *Voll* klicken, sollte der Palettenbereich ungefähr so aussehen wie auf der vorhergehenden Übersichtsseite.

> Hinter den Schaltflächen »Erstellen« und »Weitergabe« verstecken sich z.B. Funktionen zum Bestellen von Fotobüchern, zum Fotoexport als E-Mail oder zum Brennen von CDs.

Fotos in Photoshop Elements öffnen

Jede Bildbearbeitung in Photoshop Elements benötigt zunächst einmal eine geladene Bilddatei. Dazu wählen Sie im Menü *Datei* von Photoshop Elements den Befehl *Öffnen…* und wählen die gewünschte Datei aus.

Anschließend ist das geladene Bild im Arbeitsbereich zu sehen und steht für die weitere Bearbeitung bereit.

Effekte auf ein Foto anwenden

Eine der Stärken von Photoshop Elements ist die große Bandbreite von Effekten, die Sie recht einfach auf ein Foto anwenden können.

Die Auswahl der angebotenen Effekte können Sie über vier Schaltflächen in der *Effekte*-Palette einstellen. Standardmäßig ist die erste Schaltfläche für Kunstfilter gedrückt. Wenn Sie auf die ganz rechte Schaltfläche (*alle Filter anzeigen*) klicken, bekommen Sie sämtliche verfügbaren Effekte in der Palette angezeigt. Sobald Sie mit dem Mauszeiger auf einen Effekt zeigen, wird Ihnen übrigens ein kleiner Hinweis eingeblendet, um welchen Filter es sich jeweils handelt.

Es macht viel Spaß, die Wirkung der unterschiedlichen Effekte auszuprobieren. Ein kleines Beispiel soll Ihnen das Vorgehen dabei verdeutlichen.

Bei dem Foto auf der folgenden Seite habe ich mich für den Effekt *Farbpapier-Collage* entschieden. Ein Doppelklick auf die entsprechende Schaltfläche in der *Effekte*-Palette öffnet ein Fenster, in dem Sie sich den Effekt angewendet auf das Foto ansehen können.

Kapitel 3   Zauberei am Mac

Über die Schieberegler am rechten Bildrand (die je nach Effekt natürlich variieren) können Sie die Wirkung bzw. Stärke des Effekts einstellen und im Vorschaubereich direkt mitverfolgen. In der unteren linken Bildecke lässt sich dabei die Vergrößerung des Fotos anpassen.

Um einen anderen Effekt am geladenen Foto auszuprobieren, müssen Sie übrigens nicht erst wieder zurück zur *Effekte*-Palette. Stattdessen können Sie im jetzt geöffneten Fenster bequem auf alle Effekte zugreifen. Ein Klick z. B. auf das kleine schwarze Dreieck vor dem Eintrag *Malfilter* zeigt Ihnen die zugehörigen Effekte an, und Sie können den gewünschten Effekt ausprobieren.

Wenn Sie mit einem Effekt zufrieden sind, klicken Sie zum Abschluss auf den Button *OK*, und es erscheint wieder das normale Arbeitsfenster von Photoshop Elements. Um die Änderungen am Foto dauerhaft zu machen, müssen Sie die Datei noch speichern. Am schnellsten geht das mit einem Klick auf die entsprechende Schaltfläche unter der Menüleiste.

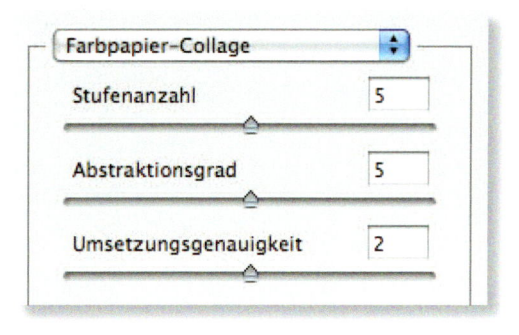

Kapitel 3   Zauberei am Mac

Schnelle Farbkorrektur

Photoshop Elements bietet Ihnen eine sehr komfortable Möglichkeit, eine schnelle Farbkorrektur an einem Foto vorzunehmen.

1. Öffnen Sie eine Bilddatei in Photoshop Elements.
2. Klicken Sie auf den Button *Bearbeiten* und anschließend auf *Schnell*.

Das Foto wird nun im Fenster zweifach dargestellt: Links sehen Sie die Originalversion, anhand der rechten Abbildung werden die vorgenommenen Änderungen direkt wiedergegeben, und Sie können beide Versionen bequem miteinander vergleichen.

3. Sollte diese Darstellung bei Ihnen nicht zu sehen sein, müssen Sie die *Ansicht* über das entsprechende Auswahlmenü unten links einstellen.

4. Nun können Sie die gewünschten Bildkorrekturen im rechten Fensterbereich vornehmen. Die Schieberegler sind Ihnen ja schon von iPhoto her bekannt. Ein Mausklick auf einen der *Auto*-Buttons erzeugt eine automatische Korrektur des jeweiligen Kriteriums.

5. Wenn Sie eine Korrektur zurücknehmen möchten, können Sie dies mit einem Klick auf die Schaltfläche *Rückgängig* (oben unterhalb der Menüleiste) erreichen. Mit *Wiederholen* wenden Sie den letzten Korrekturschritt erneut an.

6. Rechts oberhalb der *Nachher*-Darstellung befindet sich ein Button mit der Beschriftung *Zurück*. Damit kehren Sie zur Originalversion des Fotos zurück.

7. Nachdem Sie mit der Bildkorrektur fertig sind, speichern Sie die Datei wie schon bekannt mit einem Klick auf den *Speichern*-Button.

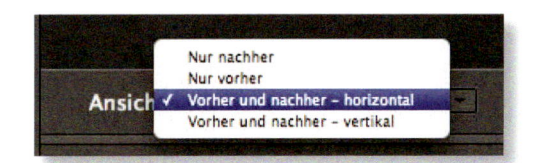

Unterstützung durch den Assistenten

Wenn man mit Photoshop Elements zu Beginn noch nicht vertraut ist, kann man sich bei öfter benötigten Bildbearbeitungen durch einen Assistenten helfen lassen.

1. Öffnen Sie zunächst eine Bilddatei in Photoshop Elements.

2. Der Assistent meldet sich nach einem Klick auf den Button *Bearbeiten* und anschließendem Klick auf *Assistent*.

> Um den Assistenten zu beenden, reicht ein Klick auf den Button »Voll« oder »Schnell«.

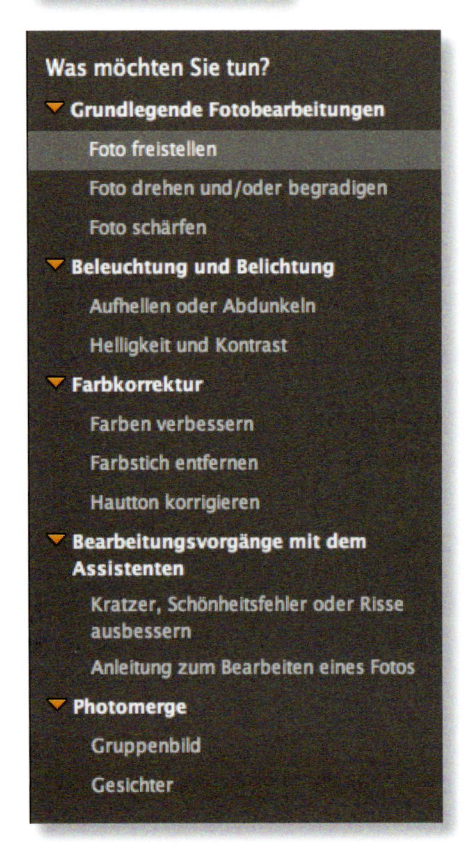

3. Photoshop Elements möchte nun von Ihnen wissen, was Sie mit Ihrem geladenen Foto anstellen möchten. Wählen Sie den gewünschten Eintrag mit einem Mausklick aus.

4. Sie erhalten dann Hilfestellung, um die jeweilige Bildbearbeitung unkompliziert vorzunehmen, ohne sich durch die vielen Werkzeuge von Photoshop Elements arbeiten zu müssen. Als Beispiel habe ich die Option *Foto freistellen* ausgewählt.

5. Sie müssen jetzt nur noch den Rahmen in der Vorschau mit der Maustaste auf die gewünschte Größe ziehen.

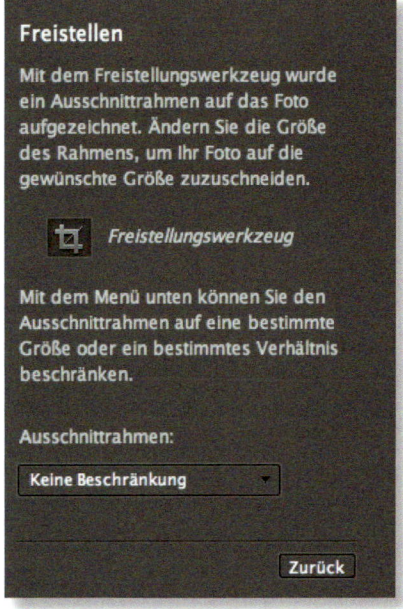

6. Mit einem Klick auf die Schaltfläche *Fertig* beenden Sie die Bearbeitung.

7. Auch bei der Verwendung des Assistenten können Sie übrigens die praktische Doppeldarstellung »Vorher – Nachher« einstellen. Klicken Sie dazu einfach mehrmals auf das kleine blaue Rechteck, bis die entsprechende Darstellungsvariante angezeigt wird.

Stürzende Linien korrigieren

Im 2. Kapitel war schon einmal von der störenden Perspektivverzerrung die Rede. Stürzende Linien können Sie – innerhalb gewisser Grenzen – mit Photoshop Elements nachträglich korrigieren.

1. Öffnen Sie ein Foto in Photoshop Elements, bei dem Sie die stürzenden Linien beheben möchten.

> Mit dem hier beschriebenen Vorgehen können Sie auch einen schiefen Horizont nachträglich in die Waagerechte bringen.

Kapitel 3   Zauberei am Mac

2. Wählen Sie in der Werkzeugleiste mit einem Mausklick auf das entsprechende Symbol das Zoom-Werkzeug aus.

3. Klicken Sie nun mit gedrückt gehaltener ⌥-Taste auf das geladene Foto, um es in der Darstellung zu verkleinern. Für die nachfolgende Bearbeitung benötigen Sie nämlich ein wenig Arbeitsfläche um das Foto herum.

> Wenn Sie beim Kleinerzoomen zu forsch waren, klicken Sie einfach noch einmal auf das Bild, ohne die ⌥-Taste dabei zu drücken. Das Lupensymbol zeigt dann statt eines Minus- ein Pluszeichen, und Sie vergrößern das Bild wieder. Wichtig ist nur, dass Sie am Ende ein wenig graue Arbeitsfläche um das Bild geschaffen haben.

4. Wählen Sie im Menü *Bild* den Befehl *Transformieren* und dann den Unterbefehl *Perspektivisch verzerren*.

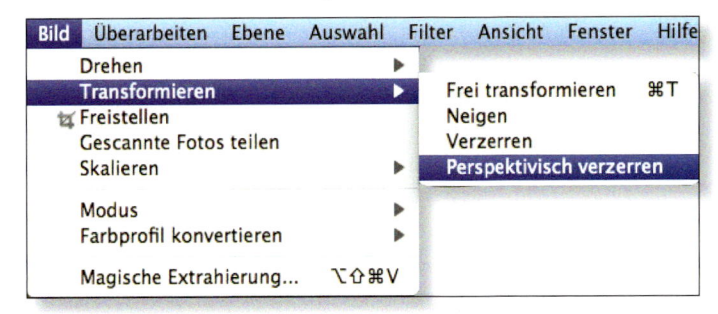

5. Damit Photoshop Elements diesen Befehl ausführen kann, muss der Bildhintergrund in eine sogenannte Ebene umgewandelt werden. Klicken Sie in dem erscheinenden Dialogfenster auf *OK*.

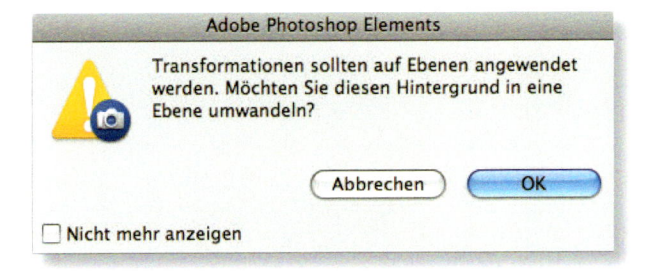

> Für anspruchsvollere Bildbearbeitungen arbeitet Photoshop Elements mit Ebenen. Sie können sich Ebenen wie übereinandergelegte transparente Plastikfolien vorstellen.

6. Auch das daraufhin eingeblendete Dialogfenster können Sie einfach mit einem Klick auf *OK* schließen.

7. An den Bildecken erscheinen nun sogenannte Anfasser, die Sie mit gedrückt gehaltener Maustaste ziehen können. Am besten beginnen Sie mit der rechten oberen Ecke und ziehen den Anfasser so weit in den grauen Arbeitsflächenbereich, bis die stürzende Linie des Fensters genau senkrecht ist. Wenn Sie ein Foto auch noch in der Waagerechten korrigieren möchten, können Sie dies übrigens mit den Anfassern in der Mitte der linken oder rechten Kante des Verzerrungsrahmens erledigen.

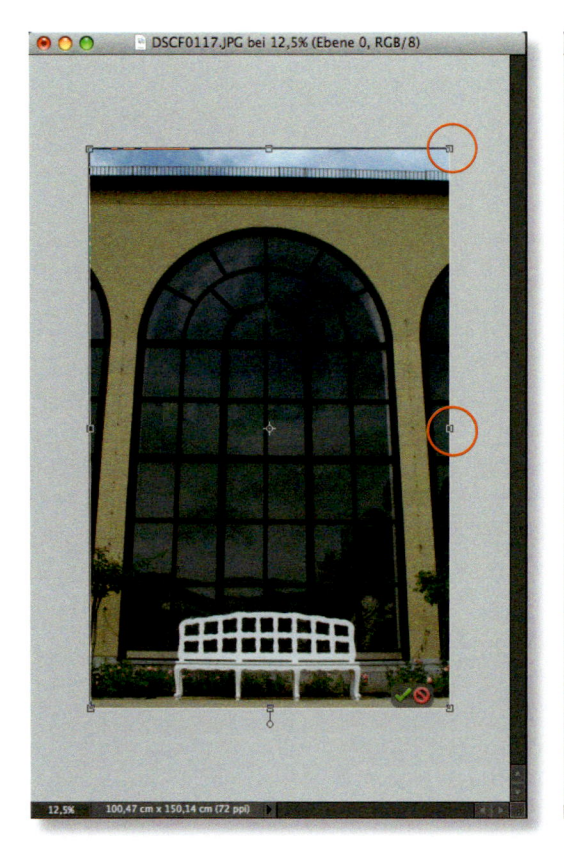

8. Rechts unten am Bild sehen Sie zwei Schaltflächen, um die Korrektur abzuschließen. Ein Klick auf das grüne Häkchen übernimmt die Änderungen, andernfalls wird die Bearbeitung abgebrochen.

9. Nun müssen Sie sich noch um die eventuell entstandenen leeren Bildbereiche kümmern, die Sie an der grau-weiß karierten Darstellung erkennen. Wählen Sie dazu in der Werkzeugleiste das Freistellungswerkzeug und ziehen Sie damit einen Rahmen über das Bild, der solche leeren Bildbereiche ausschließt. Alle Bildteile, die sich außerhalb des aufgezogenen Freistellungsrahmens befinden, werden weggeschnitten.

10. Auch diesen Arbeitsschritt beenden Sie mit einem Klick auf das kleine grüne Häkchen rechts unten im Bild.

Kapitel 3   Zauberei am Mac

11. Zum Schluss sollten Sie die anfangs erzeugte Ebene wieder auflösen, um Speicherplatz zu sparen. Zudem kommen nicht alle Programme mit einer Bilddatei zurecht, in der die einzelnen Ebenen mit abgespeichert wurden. Wählen Sie dafür im *Ebene*-Menü von Photoshop Elements den Befehl *Auf Hintergrundebene reduzieren*.

12. Speichern Sie alle Änderungen mit einem Klick auf den *Speichern*-Button.

Panoramafotografie

Am Ende des kleinen Ausflugs in die Welt von Photoshop Elements möchte ich Ihnen noch eine besonders reizvolle Variante der Bildbearbeitung zeigen: das Panoramafoto.

Photoshop Elements bietet eine sehr komfortable Möglichkeit, ein solches Foto zu erzeugen. Vorher müssen Sie allerdings ein wenig Vorarbeit beim Fotografieren leisten. Sie benötigen nämlich die Einzelbilder, aus denen Sie dann ein Panoramafoto zusammensetzen können.

Nach der ersten Aufnahme schwenken Sie Ihre Kamera ein wenig nach rechts oder links und machen sozusagen das Anschlussfoto. Achten Sie dabei darauf, dass sich die beiden Bilder ausreichend überlappen. Und noch etwas ist ganz wichtig: Bei den einzelnen Aufnahmen sollten Sie die Kamera möglichst in gleicher Höhe halten.

> Fremdwort gefällig? Programme, die aus einzelnen Bildern ein Panoramafoto montieren können, werden als »Stitch«-Pogramme bezeichnet.

Um das Zusammensetzen eines Panoramafotos mit Photoshop Elements auszuprobieren, benötigen Sie mindestens zwei Fotos.

Photoshop Elements für Ehrgeizige

1. Wählen Sie im *Datei*-Menü von Photoshop Elements den Befehl *Neu* und dort den Eintrag *Photomerge®-Panorama…*

2. Im folgenden Fenster möchte Photoshop Elements von Ihnen erfahren, wo sich die Bilddateien befinden, aus denen es ein Panoramafoto zusammensetzen soll. Klicken Sie auf den Button *Durchsuchen…*

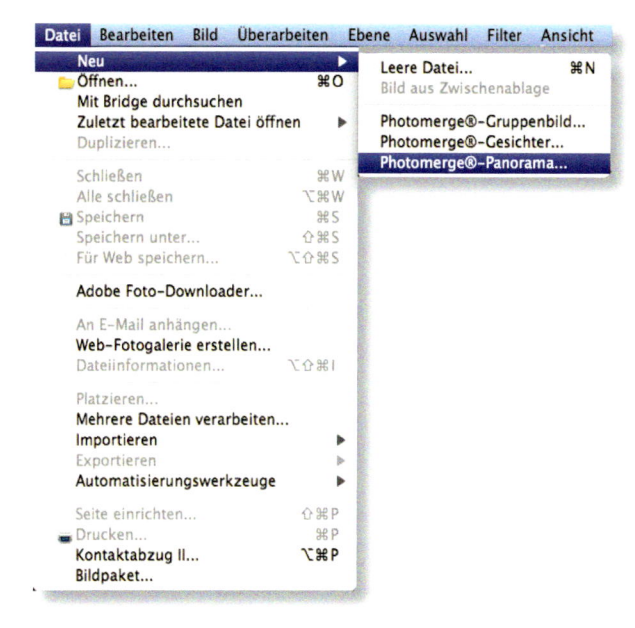

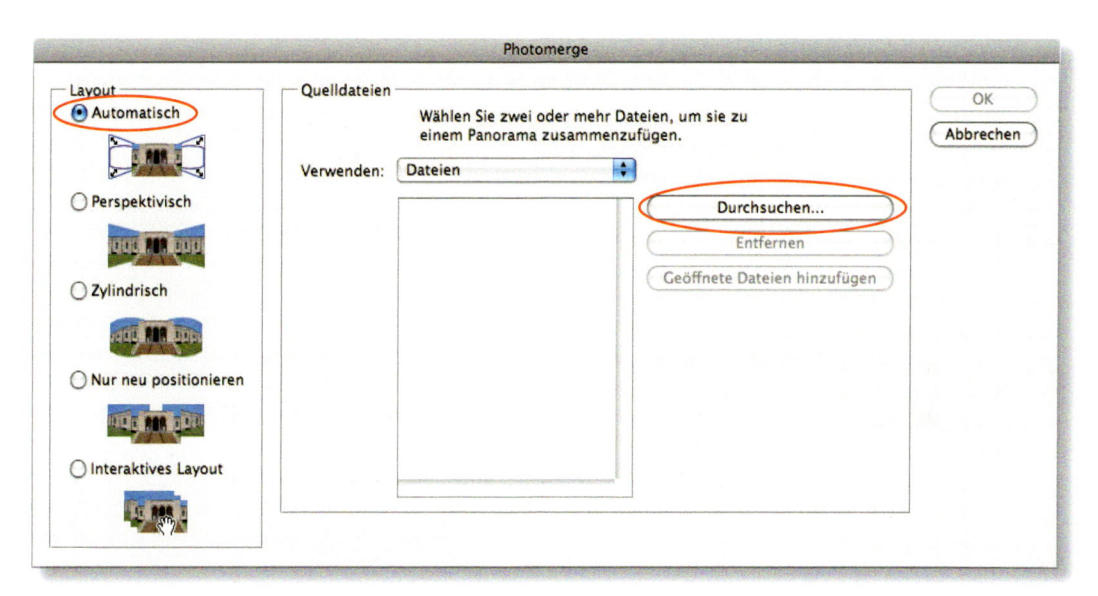

> Achten Sie in diesem Fenster auch darauf, dass beim Layout die Option »Automatisch« aktiviert ist.

129

3. Suchen Sie den Speicherort der Bilddateien, wählen Sie sie mit gedrückt gehaltener ⇧-Taste aus und klicken Sie anschließend auf *Öffnen*.

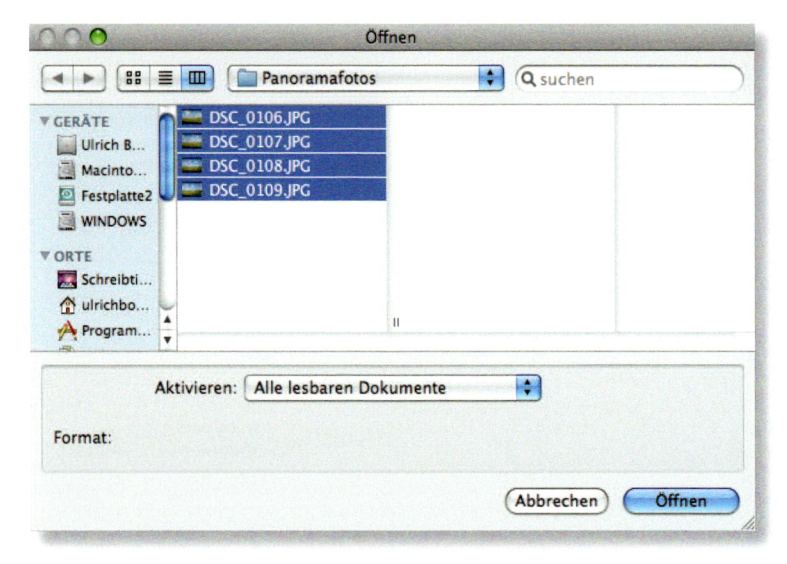

4. Die Bilddateien sind jetzt in der Liste der Quelldateien zu sehen. Um den Stitch-Vorgang zu starten, müssen Sie nun nur noch auf *OK* klicken.

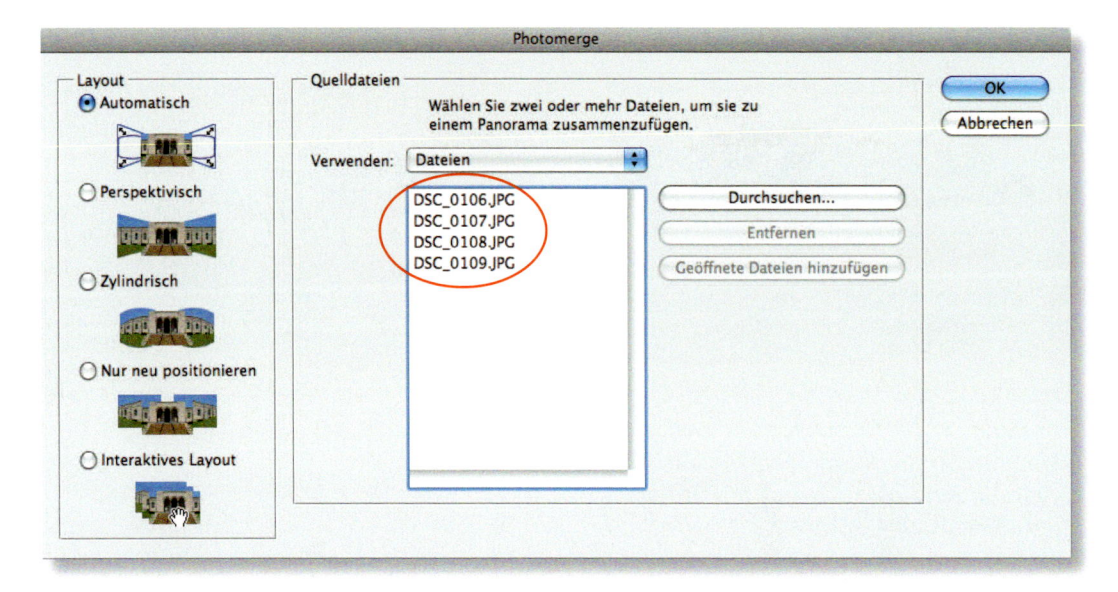

Photoshop Elements wird daraufhin recht fleißig und nach mehr oder weniger Wartezeit sehen Sie das zusammengefügte Panorama.

5. Jetzt müssen Sie das Foto noch in Form bringen. Dazu wählen Sie in der Werkzeugleiste das schon bekannte Freistellungswerkzeug und schneiden damit alle leeren Bildbereiche weg, so wie Sie es schon bei der Korrektur von stürzenden Linien kennengelernt haben.

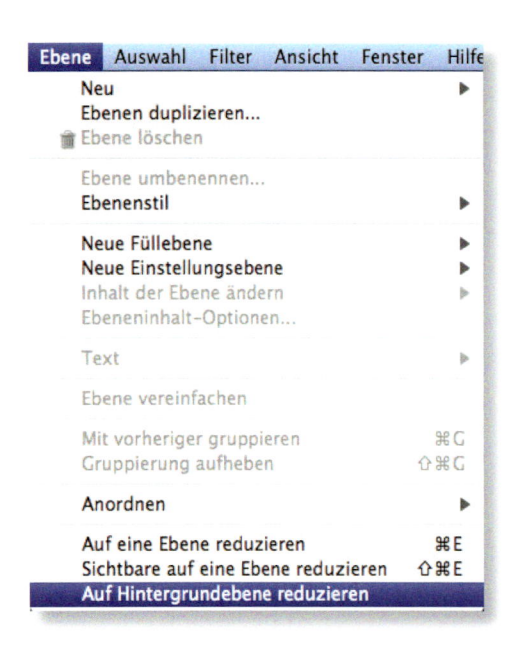

6. Auch beim Zusammenfügen eines Panoramafotos arbeitet Photoshop Elements mit Ebenen. Deshalb sollten Sie vorm Speichern alle erzeugten Ebenen wieder auflösen. In der Fachsprache heißt dies: auf die Hintergrundebene reduzieren. Den Befehl dazu finden Sie im *Ebene*-Menü von Photoshop Elements.

7. Das Speichern des Panoramafotos erledigen Sie wieder mit einem Klick auf den *Speichern*-Button. Da Sie eine neue Datei erstellt haben, müssen Sie ihr noch einen Namen verpassen. Klicken Sie anschließend auf *Speichern*.

Photoshop Elements für Ehrgeizige

8. Im daraufhin eingeblendeten Fenster lässt sich die Qualität des Bildes einstellen. Hier können Sie die standardmäßig vorgegebenen Einstellungen einfach mit *OK* bestätigen.

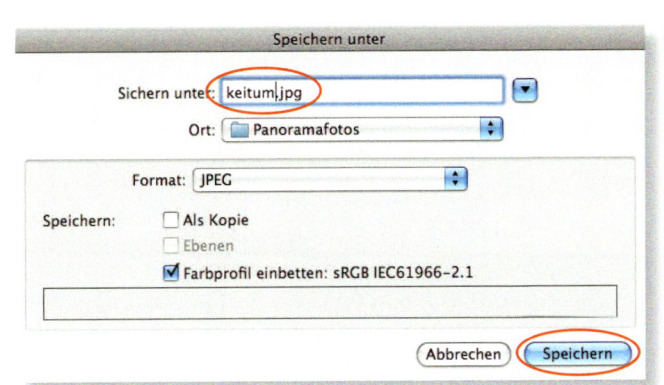

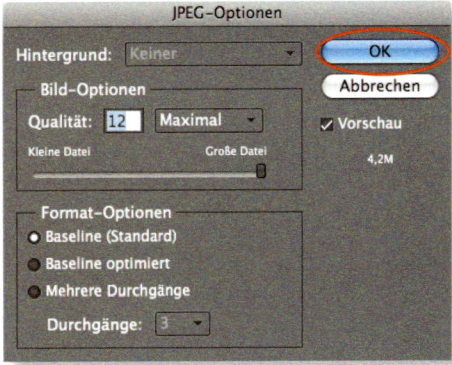

Es lässt sich nichts finden,
man muss den Dingen beistehen,
dass sie sich finden lassen.
           Johann Nepomuk Nestroy

Kapitel 4

Unterkunft

Wohin mit den vielen Bildern? Ein sinnvoll aufgebautes Bildarchiv mit iPhoto lässt das Suchen und Finden kinderleicht werden.

Kapitel 4   Unterkunft

> Erinnern Sie sich an das Feld »Ereignisse nach Import automatisch teilen«? Wenn hier ein Häkchen gesetzt ist, unterteilt iPhoto Ihre importierten Bilder entsprechend dem Aufnahmedatum der Fotos in getrennte Ereignisse (siehe Seite 87).

So viele Bilder!

Bei der digitalen Fotografie geht es meistens ziemlich schnell: Die Anzahl der Fotos auf dem Mac steigt im Laufe der Zeit rapide an. Deshalb ist es erfreulich, dass man mit iPhoto ein Programm auf seinem Mac hat, mit dem sich viele, viele Bilder im Überblick behalten lassen.

Im 3. Kapitel hatten Sie ja schon Ihre ersten Fotos von der Kamera in iPhoto importiert. Das Programm hat dabei für die Fotos – je nach gewählter Importoption – ein oder mehrere Ereignisse angelegt.

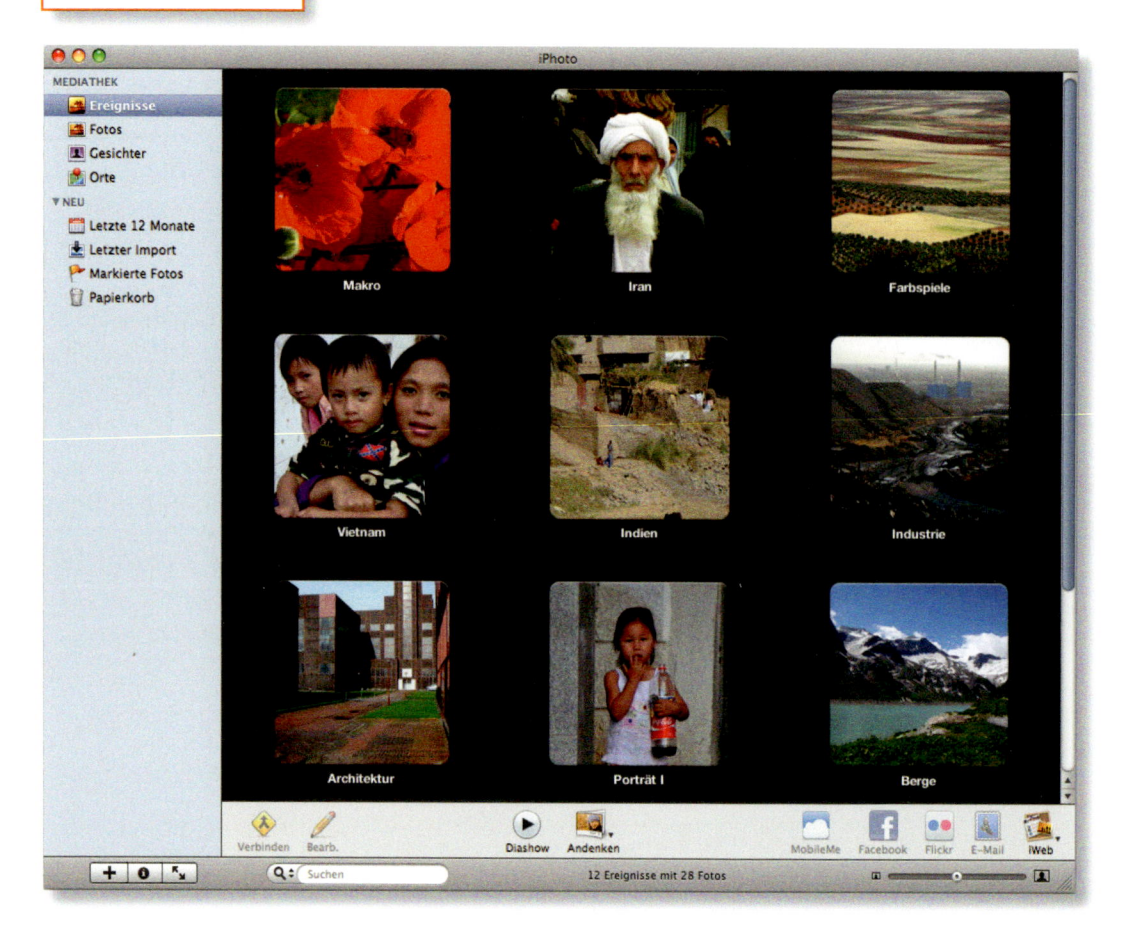

So viele Bilder!

Die Reihenfolge der Ereignisse in der *Ereignisse*-Ansicht können Sie übrigens nach Ihren Wünschen ändern. Ziehen Sie dazu ein Ereignis mit gedrückt gehaltener Maustaste einfach an die neue Position im Anzeigefenster. iPhoto macht dem verschobenen Ereignis automatisch Platz.

Sie können aber auch einzelne Fotos von einem Ereignis in ein anderes bewegen. In der Ansicht *Fotos* ziehen Sie das vorher mit einem Mausklick markierte Foto mit gedrückt gehaltener Maustaste zum gewünschten Ereignis. Die Miniaturansicht des Schlüsselfotos zeigt Ihnen mit einem gelben Rahmen an, dass das Foto in dieses Ereignis verschoben wird.

> Um mehrere Fotos zu markieren, halten Sie die ⌘-Taste gedrückt, während Sie die gewünschten Fotos mit einem Mausklick auswählen.

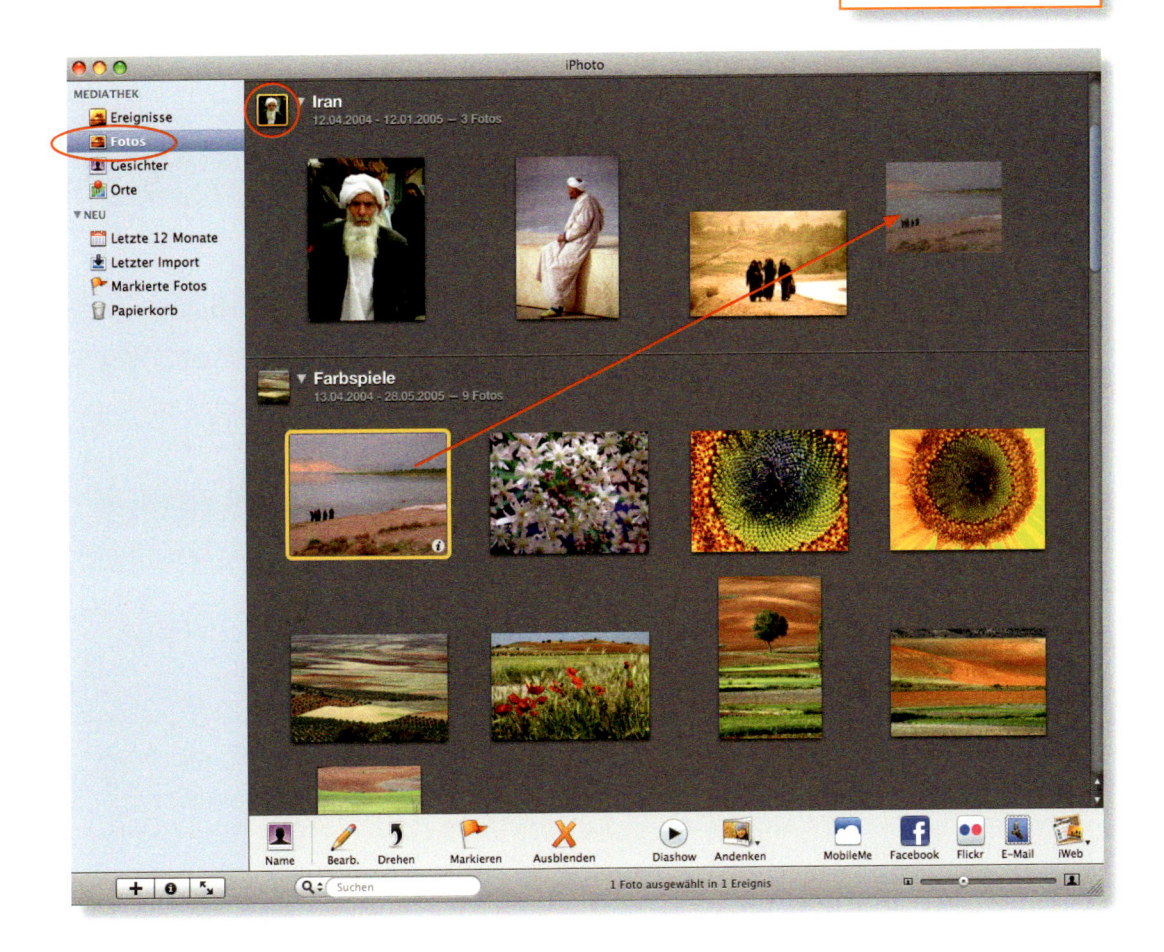

137

Die Einordnung der Fotos nach Ereignissen ist für eine erste grobe Unterteilung sicher eine große Hilfe, aber eine persönliche Form der Ordnung ist in der Praxis meistens besser geeignet, um mehrere Tausend Fotos im Griff zu haben.

So können Sie z. B. jederzeit ein neues Album anlegen und darin Ihre ganz persönliche Fotoauswahl unterbringen.

Ein neues Album anlegen

1. Klicken Sie auf das kleine Pluszeichen unten links im Fenster von iPhoto.

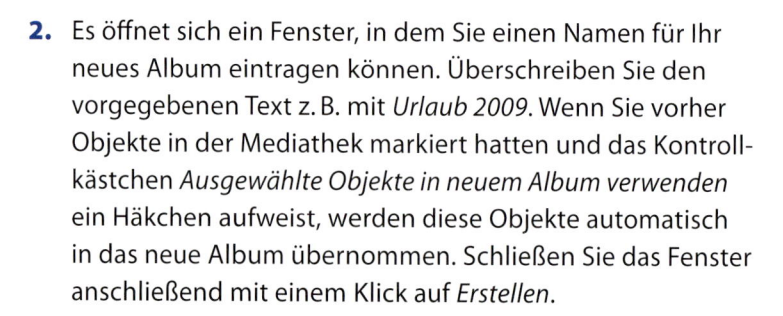

2. Es öffnet sich ein Fenster, in dem Sie einen Namen für Ihr neues Album eintragen können. Überschreiben Sie den vorgegebenen Text z. B. mit *Urlaub 2009*. Wenn Sie vorher Objekte in der Mediathek markiert hatten und das Kontrollkästchen *Ausgewählte Objekte in neuem Album verwenden* ein Häkchen aufweist, werden diese Objekte automatisch in das neue Album übernommen. Schließen Sie das Fenster anschließend mit einem Klick auf *Erstellen*.

Dass Sie erfolgreich waren, erkennen Sie an dem neuen Symbol unter der neu hinzugekommenen Rubrik *Alben* in der Seitenleiste.

Jetzt können Sie dieses Album füllen (bzw. mit weiteren Fotos ergänzen), indem Sie in bekannter Weise mit der Maus Objekte auf das neue Album ziehen. Das können zuvor markierte einzelne Fotos oder auch ganze Ereignisse sein. Dabei werden die Fotos nicht verschoben, sondern als Verknüpfung im neuen

Album hinterlegt, d. h., sie verbleiben zusätzlich in Ihrer Mediathek.

Noch pfiffiger: ein intelligentes Album anlegen

iPhoto kann Ihnen bei der Auswahl von Fotos, die in einem neuen Album aufgenommen werden, behilflich sein, indem Sie ein sogenanntes intelligentes Album anlegen. Das klingt – nun ja – intelligent, erfordert aber in der Vorbereitung ein wenig Nachdenken und Mitarbeit von Ihnen. Haben Sie das aber erst einmal hinter sich gebracht, geht das Auswählen und Hinzufügen der passenden Fotos ins neue Album ganz automatisch. Und das Tollste: Wenn Sie später neue Fotos in Ihre Mediathek importieren, sorgt iPhoto selbstständig dafür, dass passende Fotos automatisch in dieses Album kommen.

1. Klicken Sie wieder auf das kleine Pluszeichen unten links im Fenster von iPhoto.

2. Es öffnet sich das gleiche Fenster wie bei einem normalen Album, doch diesmal klicken Sie in der Kopfzeile des Fensters auf *Intelligentes Album*. Zunächst vergeben Sie wie schon bekannt einen Namen für Ihr neues Album.

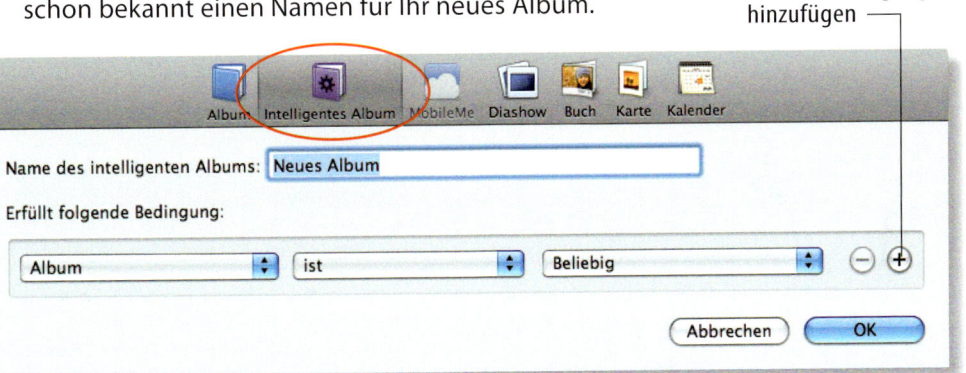

weitere Bedingungen hinzufügen

Die drei Popup-Menüs unterhalb des Textes *Erfüllt folgende Bedingung:* dienen dazu, die Kriterien festzulegen, nach denen iPhoto Ihre Mediathek nach passenden Fotos durchsucht. Alle Fotos, die den hier eingestellten Bedingungen entsprechen, werden automatisch dem neuen Album hinzugefügt.

Mit einem Klick auf das Pluszeichen rechts daneben können Sie die Kriterien weiter ausfeilen und weitere Bedingungen hinzufügen.

3. Klicken Sie mit der Maus einmal auf das erste Menü, bei dem zunächst *Album* ausgewählt ist. Das Menü öffnet sich und bietet Ihnen eine ganze Reihe von Begriffen an. Wahrscheinlich können Sie noch nicht mit allen etwas anfangen, aber Sie werden die wichtigsten später noch kennenlernen, wenn es in diesem Kapitel um das Suchen von Fotos geht. Um das Prinzip der Kriterienauswahl deutlich zu machen, habe ich hier den Begriff *Datum* ausgewählt. Die angebotenen Auswahlmöglichkeiten in den beiden anderen Popup-Menüs werden dann entsprechend angepasst. Im nachfolgenden Beispiel würden alle Fotos, die im Bereich vom 15. – 30. Juni 2009 gemacht wurden, dem Album (als Verknüpfung) hinzugefügt.

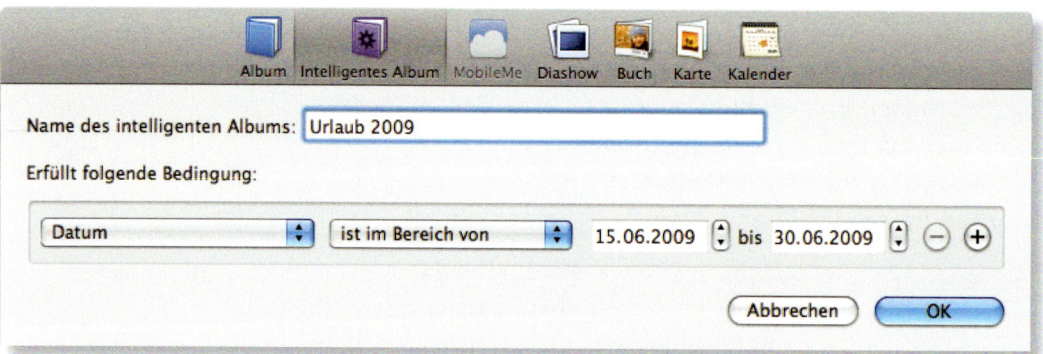

4. Wenn Sie die Auswahlbedingung festgelegt haben, schließen Sie das Fenster mit einem Klick auf *OK*.

In der Seitenleiste sollte sich dann ein neues Album mit dem Namen *Urlaub 2009* befinden, in dem alle Fotos aus dem vorher festgelegten Zeitraum auftauchen.

Einen Ordner anlegen

Wenn Sie Gefallen an persönlich angelegten Alben gefunden haben, wird sich deren Anzahl vermutlich schnell erhöhen. Um dabei die Übersicht zu behalten, bietet es sich an, zusammengehörende Alben in einem eigenen Ordner unterzubringen. So könnten Sie z. B. einen Ordner *Urlaubsfotos* anlegen, in dem sich alle Alben mit den diversen Urlaubsfotos befinden.

1. Wählen Sie in der Menüleiste von iPhoto unter *Ablage* den Befehl *Neuer Ordner*.

2. In der Seitenleiste von iPhoto erscheint unter der Rubrik *Alben* ein neu angelegter Ordner, dem Sie nun den Namen *Urlaubsfotos* verpassen können.

3. Jetzt müssen Sie nur noch die gewünschten Alben in diesen neuen Ordner bewegen. Markieren Sie hierfür die Alben mit einem Mausklick (zusammen mit der ⌘-Taste wählen Sie mehrere aus) und ziehen Sie sie mit gedrückt gehaltener Maustaste auf das neue Ordnersymbol.

Mit einem Klick auf das kleine Dreieck (in der Abbildung rot eingekringelt) blenden Sie den Ordnerinhalt ein bzw. aus und haben nun künftig mehr Überblick über Ihre verschiedenen Alben.

Das kann weg!

Nicht immer ist ein Foto, das man nach dem Import am Mac betrachtet, Grund für Begeisterungsausbrüche. Wenn sich das auch nach einer Bearbeitung des Fotos am Bildschirm nicht geändert hat, möchten Sie es vielleicht löschen.

Wählen Sie dann das Foto (oder auch ein ganzes Ereignis) mit einem Mausklick aus und befördern Sie es mit der Maus in den Papierkorb in der Seitenleiste von iPhoto.

Genauso funktioniert das übrigens auch mit einem nicht mehr benötigten Album oder Ordner: einfach mit der Maus markieren und in den Papierkorb damit.

Weggeworfene Objekte verbleiben so lange im Papierkorb, bis Sie in der Menüleiste unter *iPhoto* den Befehl *iPhoto-Papierkorb leeren* auswählen.

Und ich finde dich doch …

Natürlich kann es reizvoll sein, an einem verregneten Nachmittag einen ziellosen Streifzug durch seine Fotos zu machen und bei lange vergessenen Aufnahmen ein überraschtes »Ach ja!« zu murmeln. Doch was können Sie machen, wenn Sie mal eben schnell ein bestimmtes Foto suchen?

Computer sind längst nicht so schlau, wie sie manchmal tun. Ohne Ihre Mithilfe wäre der Mac bei der Suche nach einem ganz bestimmten Foto völlig hilflos. Deshalb hilft alles nichts: Bevor Sie eine schnelle und komfortable Suche machen können, müssen Sie Ihren Mac erst mit Informationen zu Ihren Bildern füttern.

Fotos mit Informationen versehen

Wenn Sie in der Seitenleiste von iPhoto die Ansicht *Fotos* ausgewählt und im rechten Fensterbereich ein Foto durch einen Mausklick markiert haben, können Sie im unteren Teil der Seitenleiste Informationen zu diesem Foto einblenden. Dazu klicken Sie auf die kleine Schaltfläche mit dem kleinen *i* unterhalb der Seitenleiste.

Sie sehen Angaben u. a. zum Aufnahmedatum oder zur Bildgröße. Für eine spätere Suche weitaus interessanter ist jedoch die Möglichkeit, dem Foto ein Schlagwort zuzuordnen, eine Bewertung vorzunehmen und eine zusätzliche Beschreibung anzugeben. Sie ahnen es wahrscheinlich schon: Alle diese Angaben können Sie als Kriterien für eine gezielte Suche nach Fotos verwenden.

1. Klicken Sie zunächst mit der Maus auf die Punkte hinter *Wertung*. Mit jedem Klick fügen Sie einen Stern hinzu und bewerten die Qualität des Fotos höher (max. 5 Sterne). Durch erneutes Klicken auf den ersten Stern können Sie die Bewertung des Fotos auch wieder herabstufen.

2. Auch wenn es ein wenig mühsam ist: Klicken Sie in das Feld *Beschreibung* und tragen Sie dort eine kleine Bildbeschreibung oder einen Kommentar ein. Auch diesen Text können Sie bei einer späteren Fotosuche von iPhoto durchsuchen lassen.

3. Schließlich wählen Sie in der Menüleiste von iPhoto unter dem Punkt *Fenster* den Befehl *Schlagwörter einblenden*. Es öffnet sich ein Fenster, in dem verschiedene schon vorgegebene Schlagwörter aufgeführt sind.

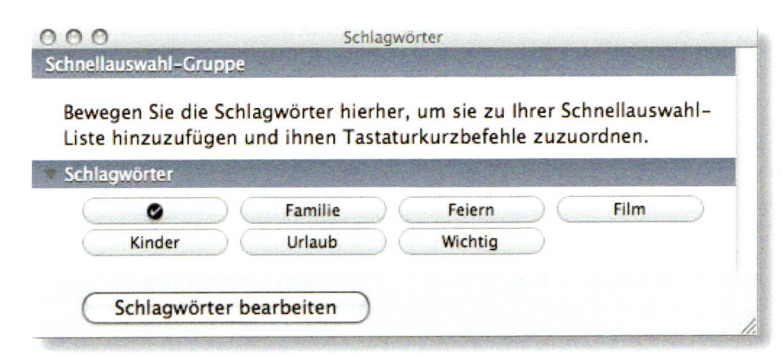

4. Jetzt können Sie durch einen Klick auf den entsprechenden Schlagwort-Button dem vorher ausgewählten Foto ein Schlagwort (oder auch mehrere) zuweisen. Natürlich kann ein Schlagwort auch an mehrere ausgewählte Fotos vergeben werden. Die ausgewählten Schlagwörter werden blau markiert und tauchen auch im Informationsfenster in der Seitenleiste auf. Ein erneuter Klick auf ein Schlagwort hebt die Zuordnung übrigens wieder auf.

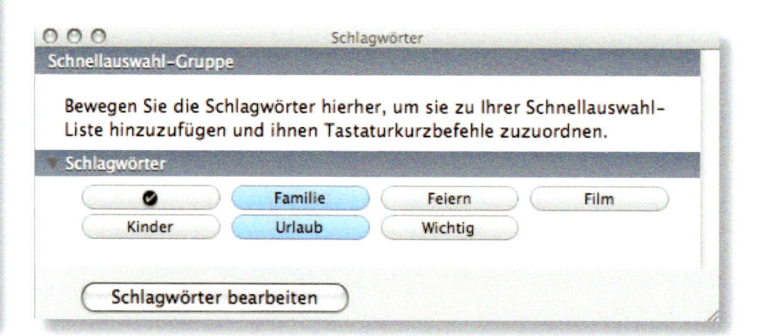

Schlagwörter bearbeiten

Die vorgegebene Schlagwortauswahl ist für eine grobe Unterscheidung von Fotos ausreichend, aber als Fotograf/in mit Kreativität möchten Sie das vielleicht lieber selbst bestimmen.

1. Klicken Sie im *Schlagwörter*-Fenster auf den Button *Schlagwörter bearbeiten*.

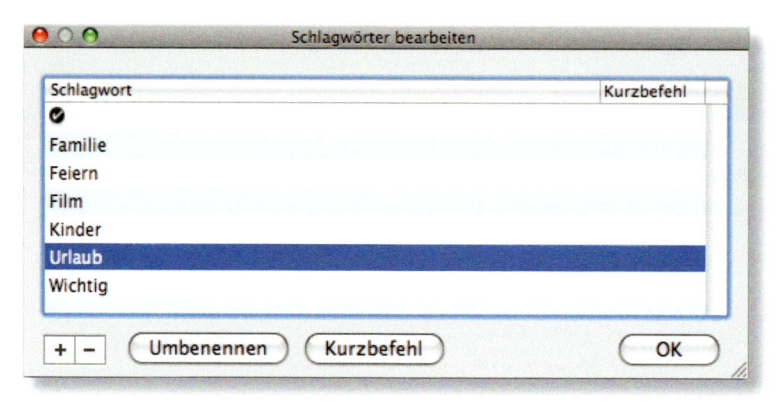

2. Es öffnet sich ein gleichnamiges Fenster, in dem alle Schlagwörter aufgelistet sind. Zum Umbenennen eines Schlagworts markieren Sie es mit einem Mausklick und klicken anschließend auf den Button *Umbenennen*. Dann können Sie den Eintrag mit Ihrem eigenen Begriff überschreiben.

3. Wenn Sie ein neues Schlagwort hinzufügen möchten, klicken Sie auf das kleine Pluszeichen links unten im Fenster. iPhoto fügt der Liste ein neues Schlagwort hinzu, dem Sie natürlich ebenfalls einen eigenen Namen geben.

4. Zum Löschen eines Schlagworts reicht ein Klick auf das Minuszeichen. Dann wird das vorher markierte Schlagwort aus der Liste entfernt.

> Noch schneller geht die Auswahl zum Umbenennen eines Schlagworts mit einem Doppelklick auf das Schlagwort. Änderungen an einem Schlagwort (also Umbennen oder Löschen) wirken sich natürlich auf alle Fotos aus, denen Sie zuvor das alte Schlagwort zugewiesen hatten.

Schlagwörter schnell zur Hand haben

Wenn Sie auf diese Weise Ihre persönliche Schlagwörterliste erstellt haben, können Sie noch etwas für die spätere Bequemlichkeit bei der Anwendung der Schlagwörter tun:

1. Ziehen Sie Ihre bevorzugten Schlagwörter im *Schlagwörter*-Fenster mit gedrückt gehaltener Maustaste vom unteren Bereich (*Schlagwörter*) in den oberen Bereich (*Schnellauswahl-Gruppe*).

2. Hinter den Schlagwortnamen sehen Sie anschließend jeweils einen kleinen Buchstaben, bei dem es sich um einen zugeordneten Kurzbefehl für das Schlagwort handelt. Dies ist normalerweise der erste Buchstabe des Schlagworts. Sollte dieser Buchstabe bereits von einem anderen Schlagwort belegt sein, wird der zweite Buchstabe des Schlagworts verwendet.

Dieser Kurzbefehl ist enorm praktisch, wenn Sie Fotos das entsprechende Schlagwort zuweisen möchten. Denn dann reicht ein Tastendruck auf z. B. F für Familie, um einem oder auch mehreren vorher markierten Fotos dieses Schlagwort zu verpassen.

3. Den Kurzbefehl für ein Schlagwort können Sie natürlich jederzeit ändern, indem Sie im schon bekannten Fenster *Schlagwörter bearbeiten* auf den Button *Kurzbefehl* klicken.

4. Um ein Schlagwort wieder aus der *Schnellauswahl-Gruppe* zu entfernen, bewegen Sie es einfach mit der Maus zurück in den unteren Bereich *Schlagwörter*.

Fotos suchen

Gleich werden Sie sehen, dass sich Ihre Arbeit bei der Klassifizierung Ihrer Fotos ausgezahlt hat. Je konsequenter und ausführlicher Sie die Informationen zu Ihren Fotos angegeben haben, umso leichter wird die Suche nach einem bestimmten Foto sein.

Bestimmt ist Ihnen schon das Suchfeld im unteren Fensterbereich von iPhoto aufgefallen. Wenn Sie dort einen Suchbegriff eingeben, durchsucht iPhoto alle Fotos nach dem eingetragenen Begriff.

Das kann nicht nur ein Schlagwort sein, sondern jeder beliebige Text, der in der Bildbeschreibung eines Fotos vorkommen könnte.

Es geht aber noch viel komfortabler: Ein Klick auf die kleine Lupe öffnet ein Menü, in dem Sie ein Suchkriterium aussuchen können.

1. Wählen Sie in diesem Menü z. B. *Schlagwörter* aus.

2. Es erscheint ein Fenster mit verschiedenen Schlagwörter-Buttons. Klicken Sie auf die entsprechenden Schaltflächen, und iPhoto sucht Ihnen alle Fotos heraus, denen Sie diese Schlagwörter zugeordnet hatten. Die Treffer werden im Anzeigefenster von iPhoto angezeigt.

3. Genauso können Sie Ihre Lieblingsfotos suchen lassen: Diesmal wählen Sie nach einem Klick auf die kleine Lupe als Suchkriterium den Begriff *Wertung*. Geben Sie mit der Maus hier z. B. 5 Sterne an, zeigt Ihnen iPhoto blitzschnell alle Fotos, denen Sie die Höchstwertung gegeben hatten.

4. Um sich nach dem Anwenden eines Suchkriteriums wieder alle Fotos anzeigen zu lassen, klicken Sie einfach auf *Alle* im Menü für die Suchkriterien.

Ortsbestimmung

Visuell darstellbare Ortsangaben liegen im Zeitalter der Navigationsgeräte und Routenplaner ja sehr im Trend, und deshalb bietet auch iPhoto in seiner neuesten Version die Möglichkeit, Fotos mit Ortsangaben zu versehen.

Für diese hochmoderne Technik gibt es natürlich auch schon einen schönen Namen: *Geotagging*. Zurzeit gibt es allerdings nur wenige Kameras, die mit einem sogenannten GPS-Empfänger ausgestattet sind, der Voraussetzung für eine automatische Verknüpfung des Aufnahmeorts mit einem Foto ist.

Aber auch ohne eine solche Kamera oder einen Geotagger können Sie Ihren Fotos nachträglich den Aufnahmeort als Bildinformation anhängen, um so ein weiteres Auswahlkriterium für Ihre Bildersuche zur Verfügung zu haben. Auf den nächsten Seiten zeige ich Ihnen, wie einfach das geht.

> Mittlerweile gibt es auch schon sogenannte »Geotagger« für die Hosentasche. Nimmt man dieses tragbare Gerät beim Fotografieren mit, lassen sich später am Computer den Fotos automatisch der Aufnahmeort zuweisen.

Kapitel 4 Unterkunft

Einem Foto oder Ereignis einen Aufnahmeort zuweisen

In den Ansichten *Ereignisse* oder *Fotos* ist Ihnen sicher schon aufgefallen, dass am unteren rechten Rand eines Fotos oder Ereignisses ein kleines *i* erscheint, wenn Sie mit der Maus auf dessen Bildvorschau zeigen. Dies ist eine weitere Möglichkeit, Ihren Bildern Informationen hinzuzufügen.

1. Klicken Sie z. B. bei einem einzelnen Foto auf den kleinen kreisrunden *i*-Button.

2. Es öffnet sich ein Fenster, in dem Sie – alternativ zum weiter vorne beschriebenen Vorgehen – einen Namen für das Foto, eine Wertung und eine Bildbeschreibung eingeben oder ändern können. Dazu markieren Sie das jeweilige Feld mit der Maus und tippen anschließend die entsprechenden Informationen ein. Darüber hinaus finden Sie hier aber auch den Eintrag *Aufnahmeort*.

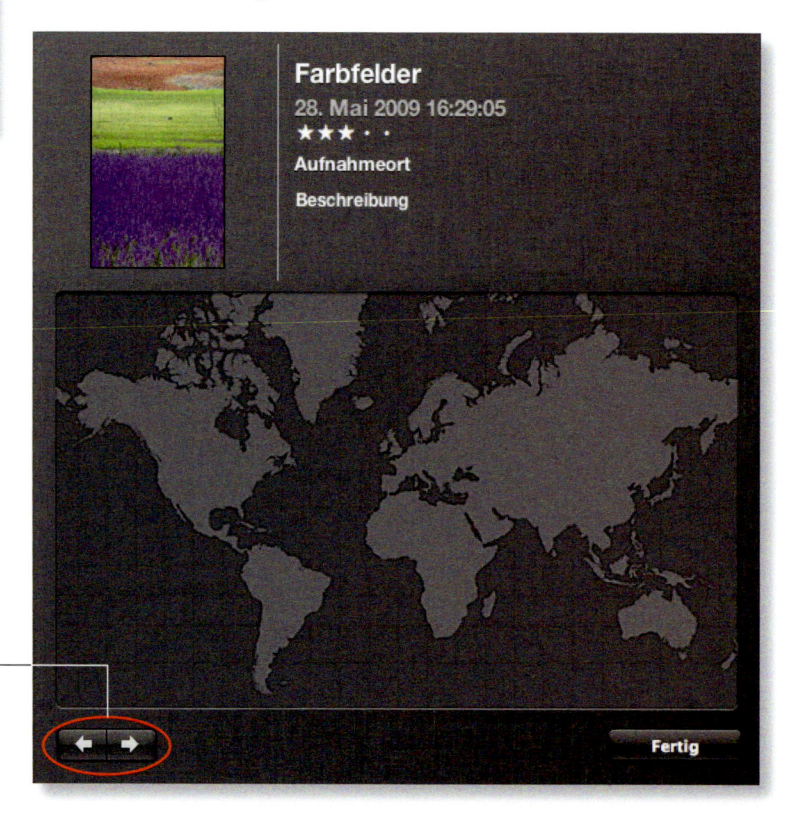

> Genauso funktioniert übrigens auch die Zuweisung eines Aufnahmeortes zu einem Ereignis. Dann wird in allen Fotos dieses Ereignisses der gleiche Aufnahmeort eingetragen.

Vor- und Zurückblättern in den Fotos oder Ereignissen

3. Klicken Sie auf den Eintrag *Aufnahmeort*, um ihn überschreiben zu können, und tragen Sie einen entsprechenden Ortsnamen für das Foto ein. Während des Eintippens bietet Ihnen iPhoto eine Ortsliste an, die sich Ihrem Eintrag entsprechend anpasst. Haben Sie in dieser Liste Ihren gewünschten Ortsnamen gefunden, wählen Sie ihn einfach mit einem Mausklick aus.

Die Weltkarte in diesem Fenster wird durch einen Kartenausschnitt ersetzt, der Ihren Aufnahmeort mit einer Stecknadel markiert.

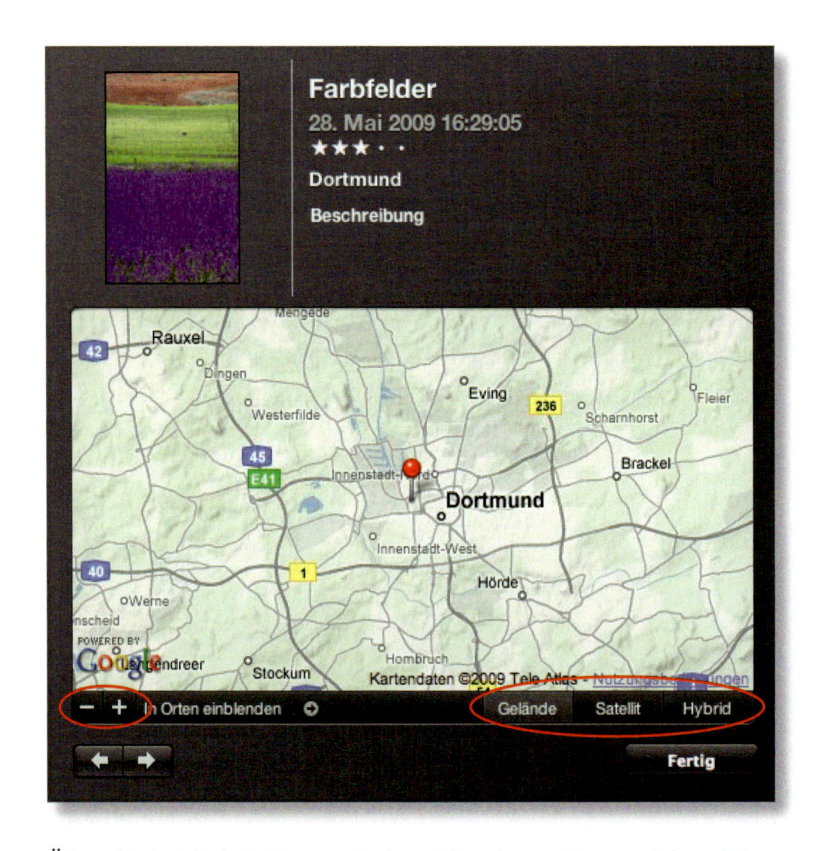

Über die beiden Buttons mit dem Plus- bzw. Minuszeichen können Sie den Maßstab der Karte vergrößern oder verkleinern, und mithilfe der drei Buttons *Gelände*, *Satellit* und *Hybrid* lässt sich die Art der Kartendarstellung auf Ihre Wünsche einstellen.

4. Klicken Sie anschließend auf den Button *Fertig*.

Natürlich wäre es eine mühselige Arbeit, wenn Sie immer nur ein einzelnes Foto mit einem Ort verknüpfen könnten. Deshalb zeige ich Ihnen jetzt noch, wie Sie mehrere Fotos gleichzeitig bearbeiten können:

1. Markieren Sie in der *Fotos*-Ansicht alle Bilder, denen Sie den gleichen Aufnahmeort zuweisen möchten.

2. Mit dem Tastenkürzel ⌘+I öffnet sich das schon bekannte Informationsfenster.

Eigentlich sieht das Fenster ganz ähnlich aus wie bei dem Beispiel mit dem einzelnen Foto, nur dass Sie diesmal mehreren Fotos gleichzeitig Informationen zuweisen.

> Wenn Sie den Mauszeiger über die Bildvorschau bewegen, können Sie sich alle markierten Fotos noch einmal ansehen und kontrollieren, ob alle gewünschten bei der Auswahl dabei sind.

Meinen Ort gibt es nicht!

Die Ortsnamenliste ist schon ziemlich umfangreich, aber es kommt doch vor, dass Sie einen Aufnahmeort eintragen möchten, den Ihnen iPhoto in dieser Liste nicht anbietet.

Um das einmal auszuprobieren, geben Sie z. B. den Ortsnamen »Keitum« ein. Es erscheint kein Vorschlag für einen Ortsnamen, deshalb wählen Sie nun „Keitum" auf Karte suchen …

Jetzt bekommen Sie ein Fenster zu sehen, in dem Ihnen der Ort Keitum auf Sylt angezeigt wird.

Kapitel 4   Unterkunft

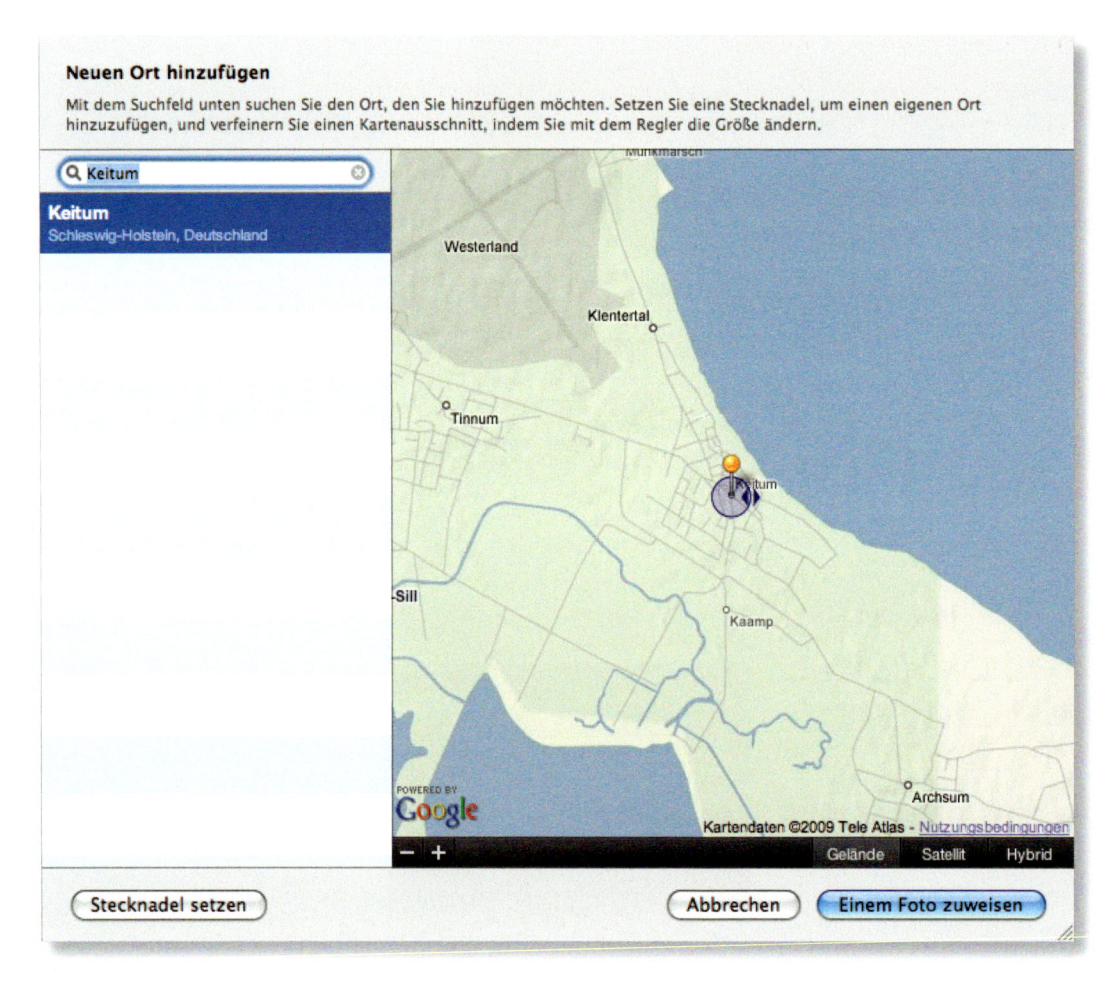

> Über den Button »Stecknadel setzen« lässt sich ein Ort mit einer nicht offiziellen Bezeichnung (wie z.B. »Badestrand«) manuell hinzufügen.

Mit einem Mausklick auf den Button *Einem Foto zuweisen* können Sie nun den Aufnahmeort mit Ihrem Foto verknüpfen.

Die Stecknadel können Sie übrigens mit gedrückt gehaltener Maustaste an eine beliebige Position verschieben und so den Aufnahmeort noch genauer markieren. Anschließend geben Sie dem individuellen Aufnahmeort in der linken Spalte einen eigenen Namen.

Die Fotos nach Orten anzeigen

Sobald Sie bei einigen Ihrer Fotos Aufnahmeorte eingetragen haben, lohnt ein Mausklick auf Orte in der Seitenleiste von iPhoto.

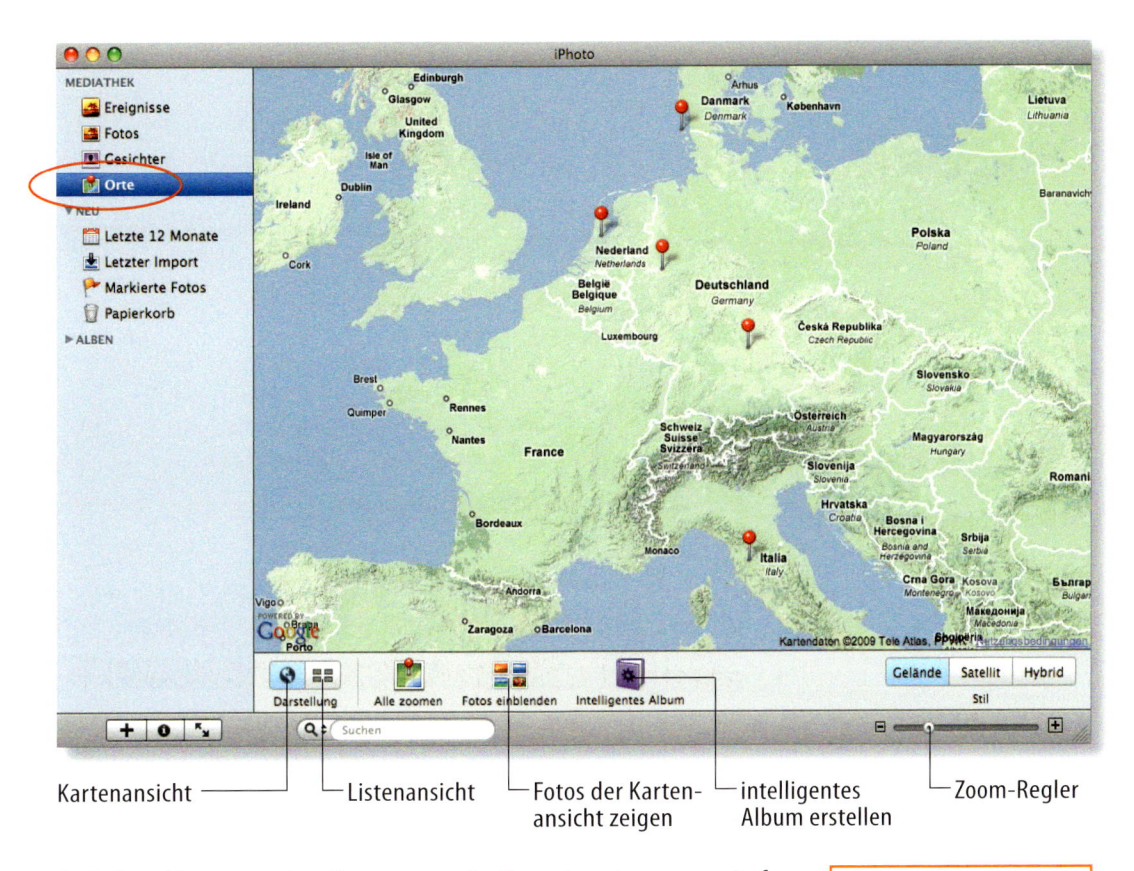

Kartenansicht — Listenansicht — Fotos der Kartenansicht zeigen — intelligentes Album erstellen — Zoom-Regler

Auf einer Karte werden Ihnen nun alle Ihre eingetragenen Aufnahmeorte durch eine rote Stecknadel angezeigt.

Die Kartendarstellung lässt sich – wie Sie es schon kennen – über die drei Buttons Gelände, Satellit und Hybrid verändern. Den Kartenmaßstab variieren Sie wieder mit dem Zoom-Regler unten rechts im Fenster.

> Den Kartenausschnitt können Sie mit gedrückt gehaltener Maustaste verschieben.

Wenn beim Verändern des Kartenmaßstabs ein paar Stecknadeln aus dem Blickfeld »gerutscht« sind, klicken Sie einfach auf *Alle zoomen*, um wieder alle Stecknadeln sichtbar zu machen.

Welche Fotos verbergen sich nun eigentlich hinter den verschiedenen Stecknadeln?

1. Sobald Sie mit dem Mauszeiger auf einen Stecknadelkopf zeigen, wird ein kleines Namensetikett eingeblendet.

2. Klicken Sie auf das kleine Dreieck, blendet Ihnen iPhoto die zugehörigen Fotos im Anzeigebereich ein.

3. Über den Button *Karte* oben links im Fenster gelangen Sie wieder zur Kartenansicht zurück.

Sie können sich übrigens auch alle Fotos anzeigen lassen, deren zugehörige Stecknadeln im aktuellen Kartenausschnitt zu sehen sind. Mithilfe von *Fotos einblenden* werden genau diese Fotos ausgewählt und angezeigt.

Im Laufe der Zeit kommen bei der Vergabe von Aufnahmeorten natürlich einige Stecknadeln zusammen. Dann kann es in der Kartendarstellung manchmal etwas unübersichtlich werden.

1. Wechseln Sie mit einem Mausklick auf den nebenstehenden Button in die alternative Listendarstellung.

2. Im oberen Bereich des Fensters werden Ihnen jetzt Spalten mit den vergebenen Länder- und Ortsnamen eingeblendet. Mit der Maus wählen Sie hier den gewünschten Eintrag aus, woraufhin Ihnen im unteren Anzeigebereich sofort alle zugehörigen Fotos gezeigt werden.

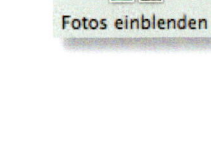

Und ich finde dich doch ...

In der Kartendarstellung versteckt sich noch eine recht praktische Sache, die Sie unbedingt kennenlernen sollten: Wenn Sie nämlich dort auf *Intelligentes Album* klicken, erstellt iPhoto automatisch ein Album mit allen Fotos des aktuellen Kartenausschnitts.

1. Wechseln Sie noch einmal zurück in die Kartendarstellung.
2. Vergrößern bzw. verkleinern Sie den Kartenausschnitt so, dass alle Stecknadeln, für die Sie ein Album erstellen möchten (und nur diese!), auf dem Kartenausschnitt zu sehen sind.

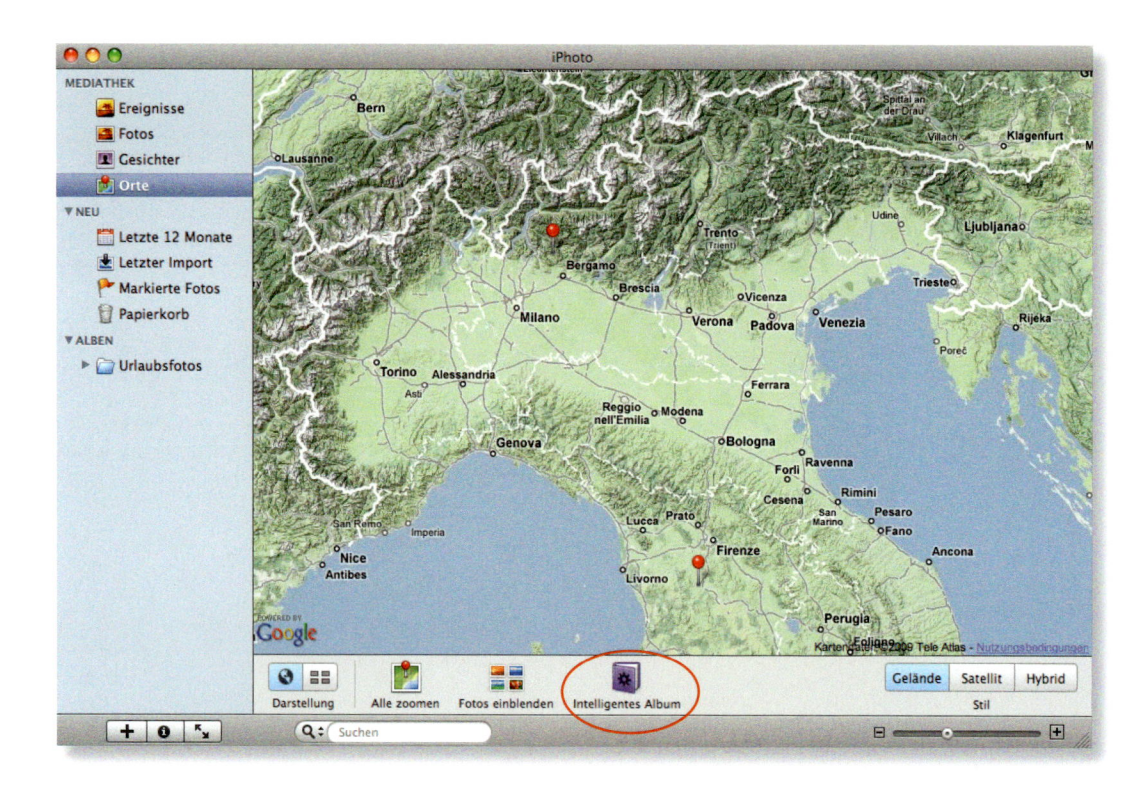

3. Klicken Sie anschließend auf *Intelligentes Album*.

In der Seitenleiste sollte sich nun ein neues Album befinden. Im obigen Beispiel wurde ein Album mit dem Namen *Italien* erstellt, in dem sich (als Verknüpfung) alle Fotos der beiden erfassten Aufnahmeorte befinden. Den Namen des Albums können Sie natürlich anschließend noch ändern, indem Sie ihn mit der Maus anklicken und überschreiben.

Das Gesicht kenne ich!

Nachdem Sie die Ortsbestimmung für Ihre Fotos kennengelernt haben, wird iPhoto jetzt noch ein wenig fortschrittlicher: Das Programm kann sogar Gesichter erkennen.

Nun ja, Hellsehen kann natürlich auch der Mac mit iPhoto nicht, was für Sie zunächst einmal bedeutet, dass Sie dem Programm am Anfang auf die Sprünge helfen müssen.

Einem Gesicht einen Namen geben

Vielleicht haben Sie ja schon einmal aus Neugier in der Seitenleiste von iPhoto auf *Gesichter* geklickt. Zu sehen gab es dann aber nur eine leere Pinnwand, auf der Sie aufgefordert wurden, einer Person einen Namen zu geben. Das können Sie jetzt gleich einmal ausprobieren.

1. Markieren Sie ein Personenfoto im Anzeigefenster (möglichst eine Frontalaufnahme) und klicken Sie in der Bearbeitungsleiste auf *Name*.

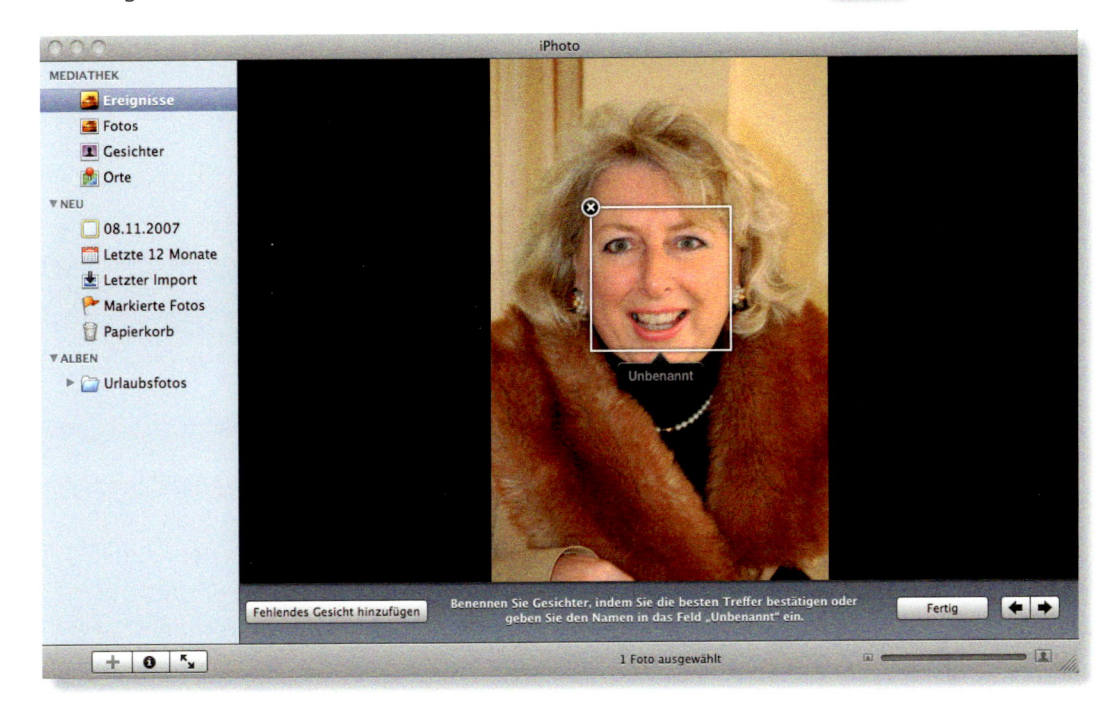

2. Das Foto wird vergrößert eingeblendet, und es ist ein kleines Etikett zu sehen. Sobald Sie mit der Maus auf dieses Etikett zeigen, wird um das Gesicht der Person ein Rahmen sichtbar. Klicken Sie auf den vorgegebenen Namen »Unbekannt« und tippen Sie einen neuen Namen ein.

3. Mit einem Klick auf *Fertig* beenden Sie die Namenzuordnung.

> Mit einem Klick auf das kleine x in der Rahmenecke löschen Sie eine Gesichtszuordnung wieder.

Kapitel 4   Unterkunft

4. Jetzt können Sie noch einmal nachschauen, ob alles geklappt hat. Klicken Sie in der Seitenleiste von iPhoto auf den Eintrag *Gesichter*.

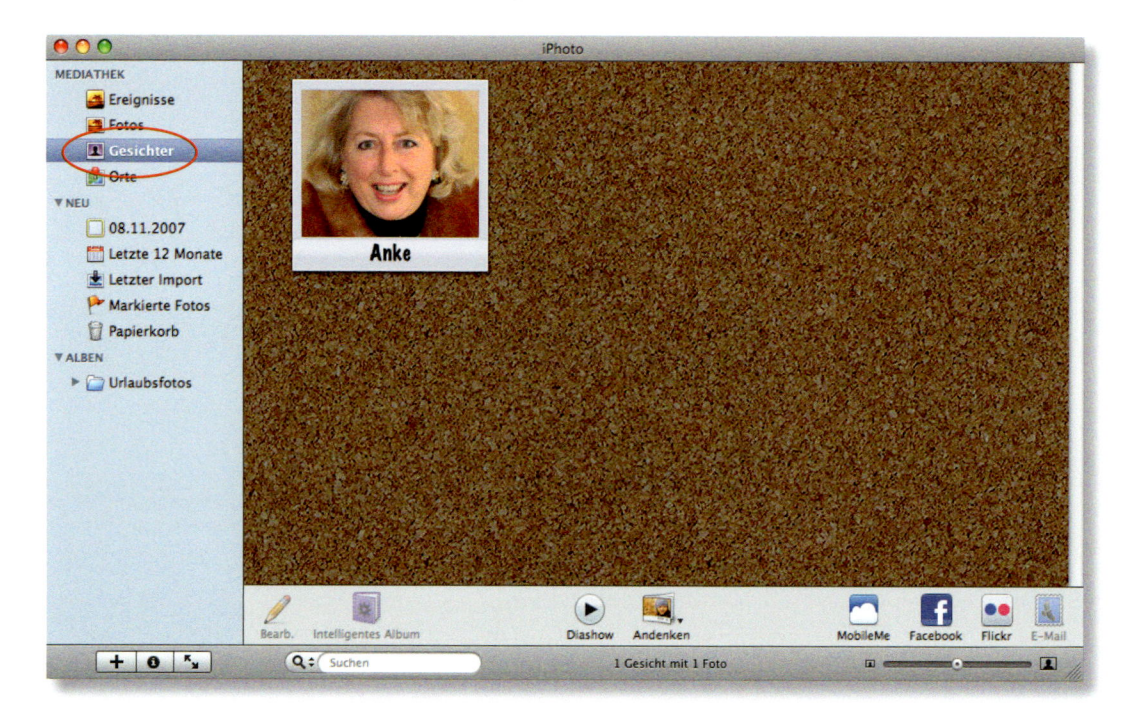

5. Auf der Pinnwand ist ein erstes Foto zu sehen.

Das Gesicht wird nicht erkannt

Wie schon erwähnt, eignen sich für die Gesichtserkennung vor allem Porträtfotos in der Frontalansicht. Probleme bereiten iPhoto z. B. Fotos mit Aufnahmen von der Seite oder Gesichtern, auf denen ein Schatten liegt. Aber das macht nichts, dann helfen Sie dem Programm eben ein bisschen weiter.

1. Markieren Sie das Foto, bei dem kein Gesicht erkannt wird, und klicken Sie in der Bearbeitungsleiste auf *Name*.

2. Nach einem Mausklick auf die Schaltfläche *Fehlendes Gesicht hinzufügen* taucht das schon bekannte Etikett und der kleine weiße Rahmen auf.

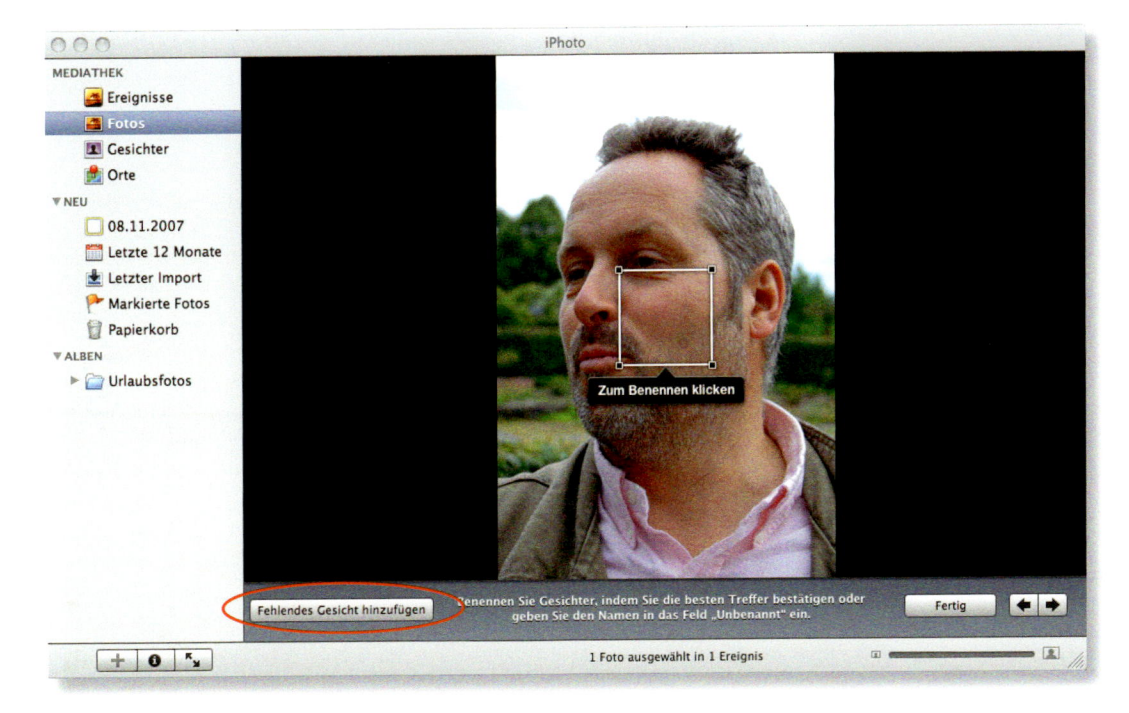

3. Diesen Rahmen können Sie nun anpassen, indem Sie genau auf eine der schwarzen Ecken klicken und ihn mit gedrückt gehaltener Maustaste größer oder auch kleiner ziehen. Zum Verschieben zielen Sie mit dem Mauszeiger auf eine beliebige Stelle des Rahmens. Verändern Sie Größe und Position des Rahmens, bis er die typischen Merkmale des Gesichts umrandet.

> Die schwarzen Ecken müssen Sie genau treffen, sonst verschieben Sie den Rahmen nur.

4. Wenn Sie mit der Position des Rahmens zufrieden sind, klicken Sie auf das Etikett und geben den gewünschten Namen ein.

5. Zum Schluss beenden Sie die »Taufe« mit einem Klick auf *Fertig*.

6. Schauen Sie jetzt noch einmal unter *Gesichter* nach, ob iPhoto richtig gearbeitet hat.

Auf der Pinnwand ist ein weiteres Personenfoto mit Namen zu sehen.

Schön und gut, aber was soll das Ganze bringen, fragen Sie sich jetzt vielleicht.

Gesichtskontrolle

Sobald auf Ihrer Kork-Pinnwand kleine Fotos von Personen abgebildet sind, denen Sie Namen vergeben haben, durchforstet iPhoto Ihre gesamte Mediathek nach Bildern, auf denen die betreffende Person zu sehen ist. Genauer gesagt: möglicherweise zu sehen ist. Wie schon erwähnt, hat iPhoto mit manchen Fotos Schwierigkeiten: Profilaufnahmen, teilweise verdeckte

> Jedes Mal, wenn Sie neue Fotos importieren, prüft iPhoto, ob darauf bekannte Gesichter zu sehen sind.

Gesichter, Ähnlichkeiten bei nahen Verwandten, aber auch Kinderbilder bereiten dem Programm mitunter Probleme bei der Unterscheidung der Gesichter. Das klingt zunächst einmal ein wenig ernüchternd, aber iPhoto ist ziemlich lernfähig. Wie das funktioniert, erfahren Sie jetzt.

1. Klicken Sie ein Foto auf der Pinnwand doppelt an.

Es öffnet sich ein Fenster, in dem im oberen Bereich alle Fotos der betreffenden Person gezeigt werden, denen Sie schon einen Namen zugewiesen haben (in dieser Übung hatte ich bisher erst eines benannt). Der untere Bereich zeigt Fotos aus der Mediathek, bei denen iPhoto der Meinung ist, dass die Person dort ebenfalls abgebildet ist.

> Den unteren Bereich können Sie mit einem Klick auf das kleine graue Dreieck im Trennbalken ausblenden.

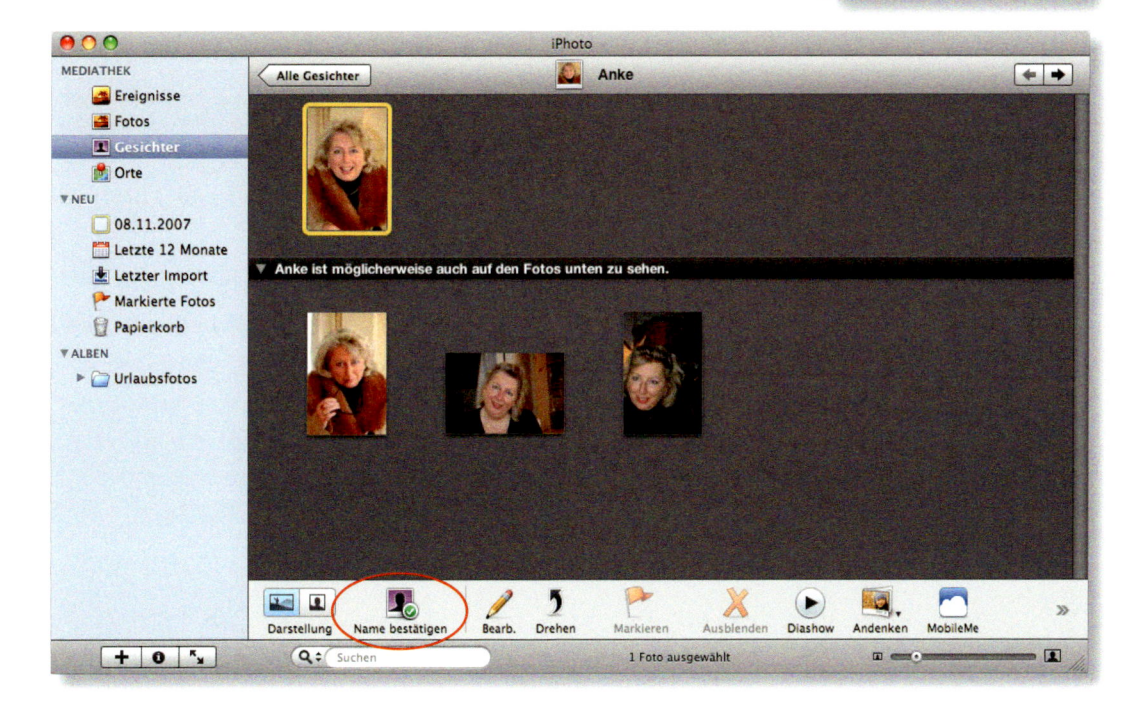

2. Klicken Sie unten in der Bearbeitungsleiste auf *Name bestätigen*.

Kapitel 4   Unterkunft

iPhoto möchte von Ihnen jetzt wissen, ob seine Vermutungen richtig waren.

3. Bei jedem Bild im unteren Bereich reicht ein Mausklick, um zu bestätigen, dass die Person auf dem jeweiligen Foto richtig zugeordnet wurde. Dies wird Ihnen sofort durch einen grünen Balken mit dem zugehörigen Namen angezeigt. Bei den Fotos, bei denen iPhoto danebengelegen hat, klicken Sie einfach nochmals auf das Miniaturbild. In diesem Fall signalisiert Ihnen der rote Balken, dass Sie die Gesichtszuordnung ablehnen möchten.

Mit jeder Bestätigung oder auch Ablehnung lernt iPhoto für die Gesichtserkennung mehr hinzu: Je mehr Aufnahmen Sie bei den vorgeschlagenen Namenszuordnungen zu einer bestimmten Person als richtig bestätigt haben, desto besser wird im Laufe der Zeit die Trefferquote sein.

4. Wenn Sie mit den Bestätigungen bzw. Ablehnungen fertig sind, schließen Sie den Vorgang mit einem Klick auf *Fertig* ab.

5. Um zurück zu Ihrer Pinnwand zu gelangen, klicken Sie auf den Button *Alle Gesichter*.

> Wichtig ist vor allem auch das explizite Ablehnen eines falschen Vorschlags von iPhoto. Auch dadurch lernt das Programm, das Gesicht in Zukunft noch besser zu erkennen.

Die Fotos nach Namen anzeigen

Nach diesen Vorarbeiten kommen Sie in den Genuss, sich mit einem Mausklick sämtliche Fotos, denen iPhoto nun eine bestimmte Person zuordnen kann, anzeigen zu lassen.

1. Wenn Sie sich wieder in der *Gesichter*-Ansicht mit der Pinnwand befinden, fahren Sie einmal über ein Foto mit dem Mauszeiger hin und her, ohne dabei zu klicken. iPhoto zeigt Ihnen innerhalb der Miniaturvorschau alle Fotos an, die zu dieser Person gehören.

2. Ein Doppelklick auf die Miniaturvorschau zeigt Ihnen alle Fotos im Übersichtsfenster an. Die Darstellungsgröße können Sie wieder über den Zoom-Regler anpassen.

Ein intelligentes Album zu einer Person anlegen

Wie auch bei der Kategorisierung nach Orten ist es nun ganz einfach, ein intelligentes Album zu einer Person zu erstellen.

1. Markieren Sie auf der Pinnwand die Miniaturvorschau einer Person mit einem Mausklick. Das Bild erhält einen blauen Rahmen.

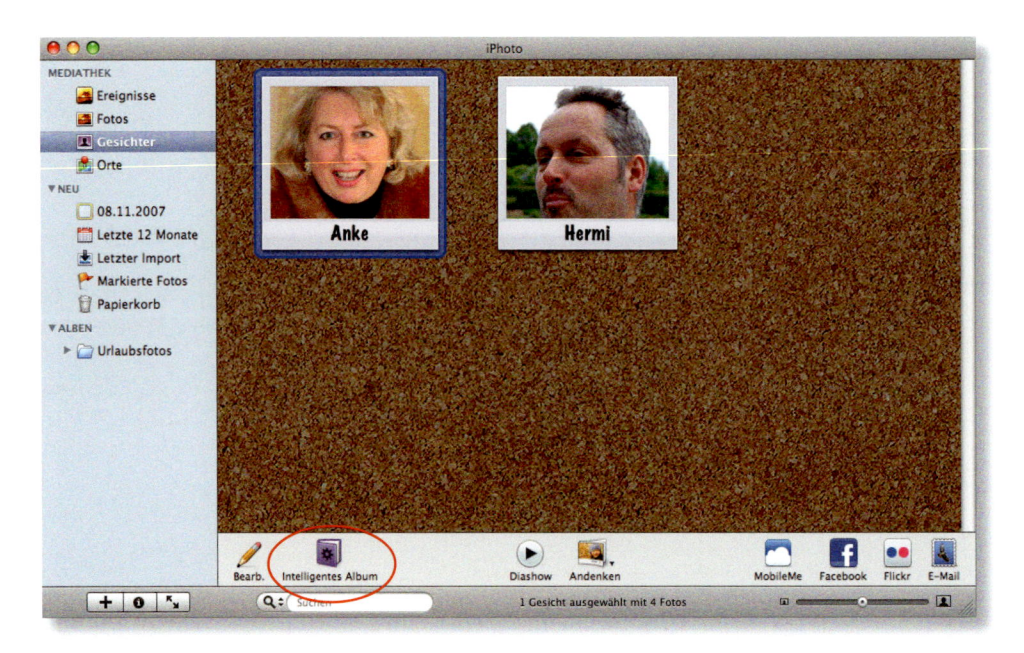

2. In der Bearbeitungsleiste finden Sie nun den Eintrag *Intelligentes Album*. Mit einem Mausklick darauf erstellt iPhoto ein neues Album zu dieser Person. In dieses Album gelangen in Zukunft automatisch alle Fotos (als Verknüpfung), bei denen Sie die richtige Namenzuordnung bestätigt haben.

Das Schlüsselbild einer Person ändern

Das Bild, das Ihnen zu einer Person auf der Pinnwand sozusagen zuoberst angezeigt wird, ist – wie Sie es schon von den Ereignissen her kennen – das Schlüsselbild. Dieses Bild können Sie natürlich selbst festlegen.

1. Zeigen Sie mit dem Mauszeiger auf die Miniaturvorschau auf der Pinnwand und klicken Sie das kleine *i* unten rechts im Bild an.

2. Das Bild wird umgedreht und bietet nun in einem Informationsfenster die Möglichkeit, ein neues Schlüsselbild zu bestimmen. Fahren Sie dazu auf dem Foto mit dem Mauszeiger hin und her, ohne dabei zu klicken. iPhoto zeigt Ihnen in bekannter Weise alle Fotos dieser Person an. Wenn das als Schlüsselbild gewünschte Foto angezeigt wird, klicken Sie es an.

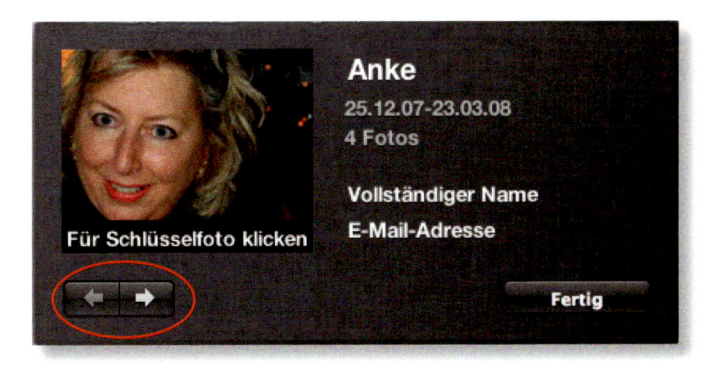

> Mit den beiden Pfeil-Buttons können Sie innerhalb der Personen auf der Pinnwand hin- und herblättern.

> Lassen Sie sich nicht irritieren, wenn sich das Foto auch nach dem Schlüsselbild-Klick durch eine Mausbewegung noch ändert. Ihr Auswahl-Klicken wurde auf jeden Fall registriert.

3. Schließen Sie das Fenster mit einem Mausklick auf *Fertig*.

Jetzt sollte die Person auf der Pinnwand durch das neu bestimmte Schlüsselbild repräsentiert sein.

Take-away

Es geschieht meistens dann, wenn man es am wenigsten erwartet: Einzelne Bilder in der Mediathek sind beschädigt oder wurden versehentlich gelöscht. In diesen Fällen ist es erfreulich, eine Sicherungskopie seiner Bilder zur Verfügung zu haben.

Aber auch eine größer werdende Mediathek erfordert es manchmal, Teile davon extern auszulagern, um Platz auf der Festplatte des Mac zu schaffen.

Fotos auf CD oder DVD brennen

Sie können Ihre gesamte Mediathek, aber auch einzelne Alben oder Fotos auf eine CD oder DVD brennen. Wenn Sie dabei die *Brennen*-Funktion in iPhoto verwenden, lassen sich die so archivierten Daten später problemlos wieder in iPhoto importieren. Möchten Sie hingegen eine CD oder DVD erstellen, die später von einem Windows-Rechner oder auch einem Fotolabor verwendet werden soll, müssen Sie die Fotos zunächst exportieren (siehe Seite 168).

1. Markieren Sie in iPhoto zunächst mit der Maus die Objekte, die Sie auf die CD/DVD brennen möchten.
2. Wählen Sie im Menü *Bereitstellen* den Befehl *Brennen*.
3. Daraufhin werden Sie aufgefordert, eine beschreibbare CD oder DVD einzulegen.

iPhoto berechnet nun den erforderlichen Speicherplatz und zeigt Ihnen an, ob alle vorher ausgewählten Objekte auf den Datenträger passen.

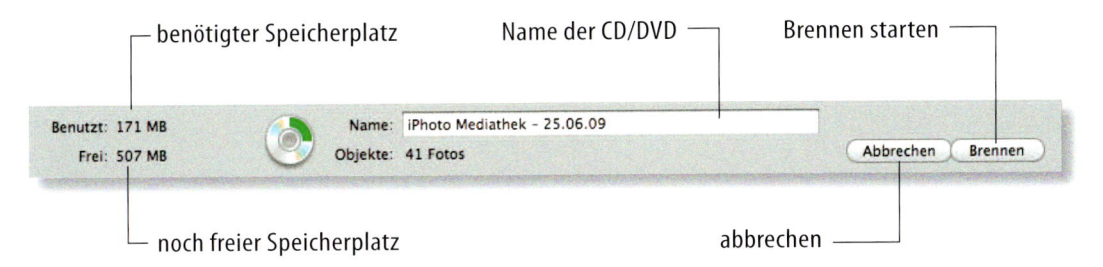

— benötigter Speicherplatz   Name der CD/DVD   Brennen starten

Benutzt: 171 MB
Frei: 507 MB
Name: iPhoto Mediathek – 25.06.09
Objekte: 41 Fotos
Abbrechen   Brennen

— noch freier Speicherplatz   abbrechen

Wenn nicht alle Objekte auf die CD oder DVD passen, müssen Sie Ihre Auswahl leider verkleinern.

4. Im Textfeld *Name* können Sie der Archiv-CD/DVD einen eigenen Namen vergeben, indem Sie den vorgegebenen Namen markieren und überschreiben.

5. Klicken Sie auf den Button *Brennen*, um das Erstellen der CD/DVD zu starten.

6. Es öffnet sich ein Fenster *CD/DVD brennen*, in dem Sie noch einmal auf *Brennen* klicken müssen.

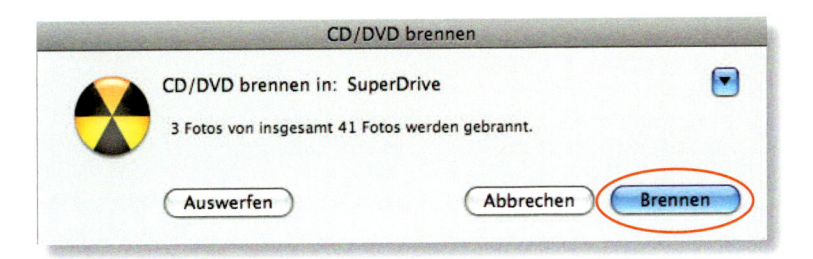

CD/DVD brennen

CD/DVD brennen in: SuperDrive
3 Fotos von insgesamt 41 Fotos werden gebrannt.

Auswerfen   Abbrechen   Brennen

iPhoto erstellt nun die Archiv-CD/DVD mit den vorher bestimmten Objekten. Dabei werden übrigens auch alle Bildinformationen wie Schlagwörter, Aufnahmeort usw. mit auf den Datenträger geschrieben.

> Sollten Sie iPhoto noch nicht gestartet haben, wird das Programm beim Einlegen der CD/DVD automatisch gestartet.

Fotos von einer Archiv-CD/DVD importieren

Wenn Sie später eine so erstellte Archiv-CD/DVD in das Laufwerk Ihres Mac einlegen, bekommen Sie die CD/DVD in der Seitenleiste von iPhoto zu sehen, und im Anzeigefenster werden die archivierten Fotos angezeigt.

Um z. B. ein Album oder einzelne Fotos in die Mediathek zu importieren, ziehen Sie die gewünschten Objekte einfach von der CD/DVD mit gedrückt gehaltener Maustaste auf Ihre Mediathek. Dabei werden natürlich alle früher in iPhoto eingetragenen Bildinformationen mit übertragen.

Fotos exportieren

Zum Erstellen einer CD oder DVD, die von einem Windows-Rechner verwendet werden soll oder die Sie in einem Fotolabor abgeben wollen, müssen Sie ein wenig anders vorgehen.

1. Zunächst wählen Sie wieder die Fotos oder Alben in iPhoto aus, die Sie auf eine CD oder DVD brennen möchten.

2. Wählen Sie im iPhoto-Menü *Ablage* den Befehl *Exportieren …* aus.

3. Es öffnet sich ein Fenster, in dem Sie verschiedene Angaben zum Exportieren vornehmen können. Im Bild auf der nächsten Seite sehen Sie eine typische Einstellung für einen Bilderexport. Achten Sie zunächst darauf, dass in der oberen Leiste der Eintrag *Dateien* ausgewählt ist.

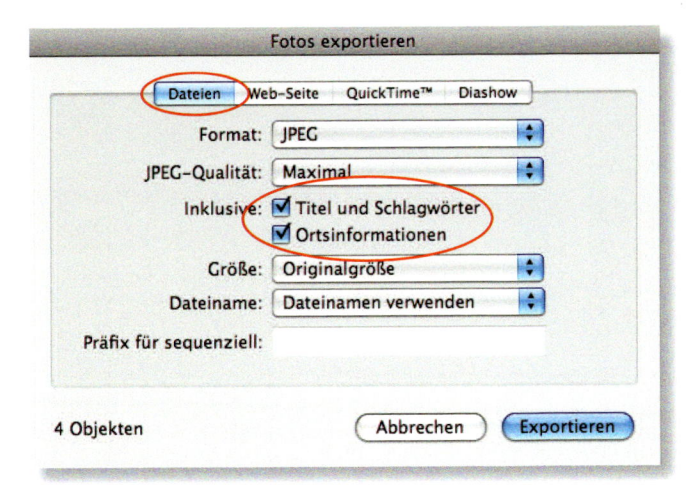

> Die Funktion »Fotos exportieren« bietet sich natürlich auch für den Fall an, dass Sie Fotos einem anderen Programm als iPhoto zugänglich machen wollen.

4. Wichtig in diesem Fenster ist, dass die beiden Optionen *Titel und Schlagwörter* und *Ortsinformationen* aktiviert sind, d.h. dass dort jeweils ein Häkchen gesetzt ist. Denn nur dann werden diese verknüpften Bildinformationen auch mit gespeichert.

5. Klicken Sie auf *Exportieren*.

6. In dem Fenster, das sich daraufhin öffnet, müssen Sie den Speicherort für die Bilddaten festlegen. Sie sollten unbedingt mit einem Klick auf den Button *Neuer Ordner* einen solchen neu anlegen und diesen als Speicherort auswählen, denn sonst kann es passieren, dass Ihnen iPhoto – je nach Anzahl der zu exportierenden Fotos – einen anderen Ordner mit vielen Daten überschwemmt.

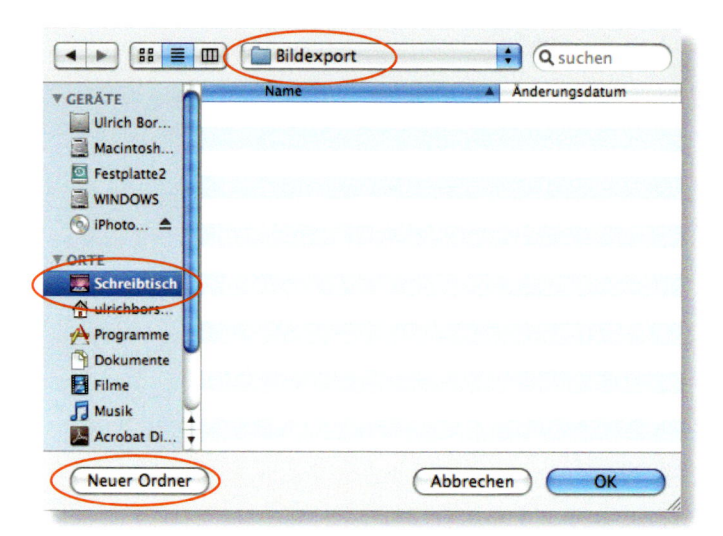

Im obigen Beispiel habe ich einen Ordner *Bildexport* auf dem Schreibtisch erstellt. Mit einem Klick auf *OK* speichert iPhoto die Bilder in diesem Ordner ab.

Für die besagte CD oder DVD für einen Windows-Rechner oder ein Fotolabor müssen Sie die exportierten Daten jetzt nur noch auf eine Silberscheibe bringen.

7. Schicken Sie iPhoto zunächst mit einem Klick auf den gelben Button oben links im Fenster ins Dock, damit Sie freie Sicht auf den Schreibtisch haben.

8. Klicken Sie einmal auf das Ordnersymbol *Bildexport* auf der Schreibtischoberfläche.

9. Im *Finder*-Menü wählen Sie unter *Ablage* den Befehl „*Bildexport" auf CD/DVD brennen …*

10. Schließlich legen Sie eine CD oder DVD ein und starten den Brennvorgang.

Bilder auf einen USB-Stick speichern

Einen USB-Stick hatte ich schon im 1. Kapitel erwähnt. Das Speichern auf einem solchen Datenträger ist sehr einfach. Sobald Sie den USB-Stick in die USB-Buchse gesteckt haben, taucht ein Symbol auf Ihrem Schreibtisch auf. Nun müssen Sie nur die gewünschten Fotos aus Ihrer Mediathek auf dieses Desktop-Symbol ziehen und schon werden die Bilder auf den USB-Stick kopiert. Es werden auch die eventuell angehängten Bildinformationen mit abgespeichert.

> Die hier beschriebene Vorgehensweise gilt natürlich auch für eine externe Festplatte.

USB Stick

In dir muss brennen, was du
in anderen entzünden willst.
  Augustinus

Kapitel 5

Groß rauskommen

Was wäre Fotografieren, ohne die Bilder anschließend wirkungsvoll zu präsentieren? In diesem Kapitel erfahren Sie alles über Diashows, wie Sie Ihre Bilder ausdrucken oder sie besonders attraktiv in einem Fotoalbum oder einem persönlichen Kalender zur Geltung bringen.

Bilderschau am Mac

Es macht immer wieder großen Spaß, digitale Bilder, die man vorher meist nur flüchtig auf dem kleinen Display der Kamera gesehen hat, ansprechend und großformatig am Mac zu betrachten.

Das Programm iPhoto bietet Ihnen eine Fülle verschiedener Möglichkeiten, Ihre Bilder schnell und unkompliziert in Szene zu setzen.

Vollbildmodus

Die erste Möglichkeit, ein Foto attraktiv am Bildschirm zu zeigen, ist die Anzeige im Vollbildmodus.

1. Wählen Sie ein Foto im Anzeigefenster mit einem Mausklick aus.

2. Klicken Sie im unteren Teil des iPhoto-Fensters auf den Button zum Aktivieren des Vollbildmodus.

Die Leiste im oberen Teil des Bildschirms zur Auswahl eines Bildes sowie die Werkzeugleiste am unteren Bildschirmrand verschwinden nach ca. 2 Sekunden. Wenn Sie sie erneut zu Gesicht bekommen möchten, brauchen Sie einfach nur den Mauszeiger an den oberen bzw. unteren Bildschirmrand zu bewegen und die Leisten werden wieder eingeblendet.

Die Auswahl des angezeigten Bildes können Sie über die Miniaturen in der oberen Anzeigenleiste mit einem Mausklick vornehmen oder aber über die beiden Pfeil-Buttons in der unteren Werkzeugleiste steuern.

Ein doppelter Mausklick an eine beliebige Stelle des Bildschirms beendet den Vollbildmodus wieder, und Sie kehren zum normalen Anzeigefenster zurück.

> Die Vollbilddarstellung eignet sich auch hervorragend für die Bildbearbeitung, denn wie Sie sehen, zeigt die untere Werkzeugleiste alle erforderlichen Buttons.

Fotos in einer Diashow zeigen

Fotos in einer Diashow zu zeigen ist sicher die am häufigsten verwendete Form der Präsentation.

1. Wählen Sie ein Ereignis oder mehrere Fotos im Anzeigefenster von iPhoto aus, die Sie in einer Diashow betrachten möchten. Wenn Sie keine Auswahl treffen, schließt iPhoto sämtliche Fotos in Ihrer Mediathek in die Diashow ein.

2. Klicken Sie in der Werkzeugleiste auf den nebenstehenden Button, um eine Diashow der ausgewählten Bilder zu starten.

Es wird ein Fenster eingeblendet, in dem Sie verschiedene Einstellungen für die Diashow vornehmen können.

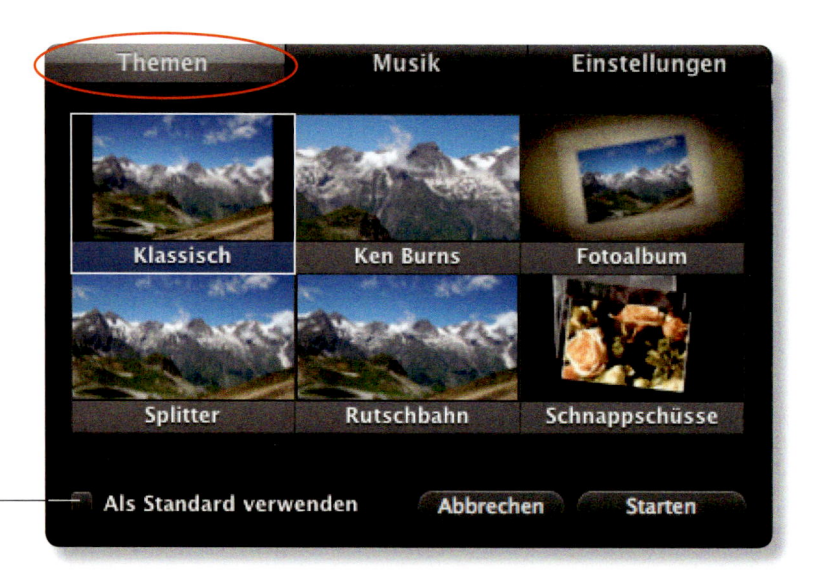

gewählte Einstellung für spätere Diashows als Standard verwenden

Sie können hier natürlich einfach auf den Button *Starten* klicken und damit die vorgegebenen Einstellungen für die Diashow bestätigen.

Da iPhoto aber eine erstaunliche Vielfalt für die persönliche Anpassung einer Diashow bietet, sollten Sie sich diese Möglichkeiten erst einmal genauer ansehen.

iPhoto bezeichnet die verschiedenen Darstellungsvarianten als Themen.

1. Das erste Einstellungsfenster zeigt Ihnen verschiedene Themen für Ihre Diashow an. Um eine Vorstellung vom jeweiligen Effekt zu bekommen, zeigen Sie mit dem Mauszeiger auf ein Thema und warten ein bis zwei Sekunden. iPhoto zeigt Ihnen dann im entsprechenden Miniaturfenster eine kleine Vorschau des Effekts.

Unter dem Ken-Burns-Effekt versteht man eine ruhig fließende Abfolge von Fotos.

2. Um ein Thema auszuwählen, klicken Sie die Miniaturvorschau mit der Maus an.

Zu jedem Thema ist eine eigene Musikuntermalung von iPhoto vorgesehen, aber auch dies können Sie ganz individuell einstellen.

3. Klicken Sie im oberen Bereich des Einstellungsfensters auf den Eintrag *Musik*.

Bilderschau am Mac

— Quelle der Wiedergabeliste

— Titel der Wiedergabeliste

— ausgewählten Titel anhören

— eigene Wiedergabeliste anlegen

4. Wenn Ihre Diashow mit Musik untermalt werden soll, muss auf jeden Fall das Kästchen *Während der Diashow Musik wiedergeben* mit einem Häkchen versehen sein.

5. Direkt darunter können Sie die Quelle einer Wiedergabeliste bestimmen. Voreingestellt ist hier *Musik für Thema*, die zugehörige Wiedergabeliste ist Bestandteil von iPhoto, und die einzelnen Titel sind einzeln aufgelistet. Mit einem Mausklick wird ein Titel ausgewählt, und Sie können ihn sich mit einem Klick auf die Wiedergabetaste anhören.

Sie sind aber nicht auf die vorgegebene Themen-Wiedergabeliste von iPhoto beschränkt. So lässt sich mit einem Klick auf das Auswahlmenü von *Quelle* jede beliebige Wiedergabeliste auswählen, die sich auf Ihrem Mac befindet. Wenn Sie z. B. mit dem Programm iTunes eigene Wiedergabelisten angelegt haben, so werden ihnen diese hier angezeigt und können für

> Eine Wiedergabeliste ist eine Zusammenstellung von Musiktiteln in einer bestimmten Abspielreihenfolge.

> Zum Anhören eines Musiktitels können Sie auch einfach doppelt auf den Titel klicken. Erneutes Doppelklicken beendet die Wiedergabe.

die Musikuntermalung Ihrer Diashow verwendet werden. Dabei lässt sich aber immer nur ein Titel für die Diashow benennen.

6. Es geht aber noch individueller: Klicken Sie auf das Kontrollkästchen *Eigene Wiedergabeliste für Diashow*.

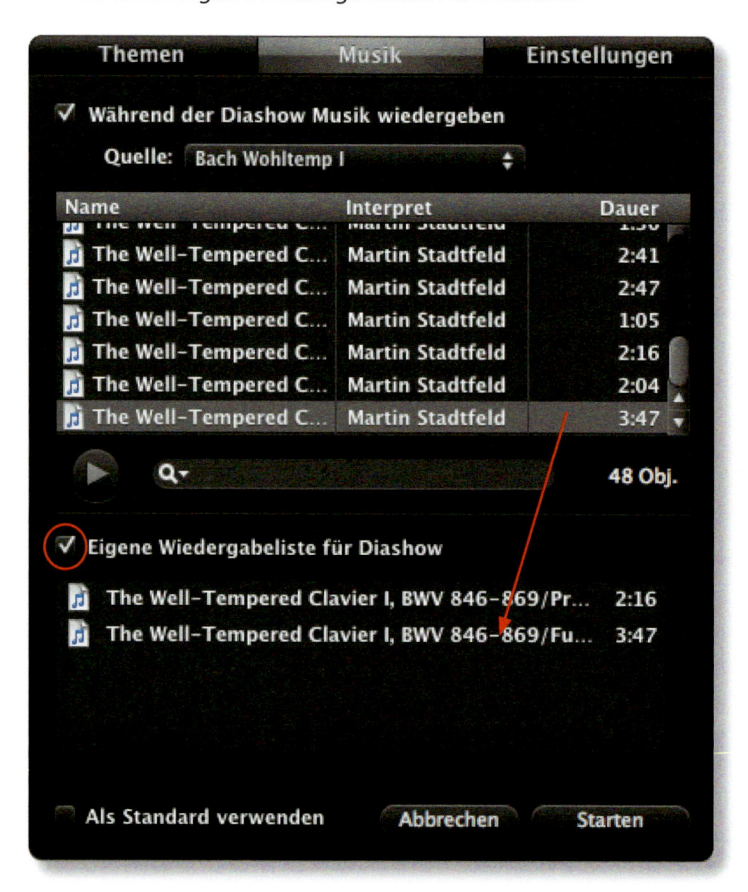

7. Im Fenster wird ein zusätzliches Feld sichtbar, in das Sie nun mit der Maus mehrere Titel aus der darüber angezeigten Wiedergabeliste ziehen können. Stellen Sie sich so Ihre ganz persönliche Musik zur Diashow zusammen. Die Reihenfolge der Musiktitel in dieser eigenen Titelliste lässt sich ebenfalls festlegen: Ziehen Sie einen Musiktitel einfach mit gedrückt gehaltener Maustaste an die gewünschte Position innerhalb dieser Wiedergabeliste.

Jetzt fehlt nur noch der Bereich *Einstellungen*, in dem Sie noch weitere Vorgaben für Ihre Diashow machen können.

8. Klicken Sie im oberen Bereich des Einstellungsfensters auf den Eintrag *Einstellungen*.

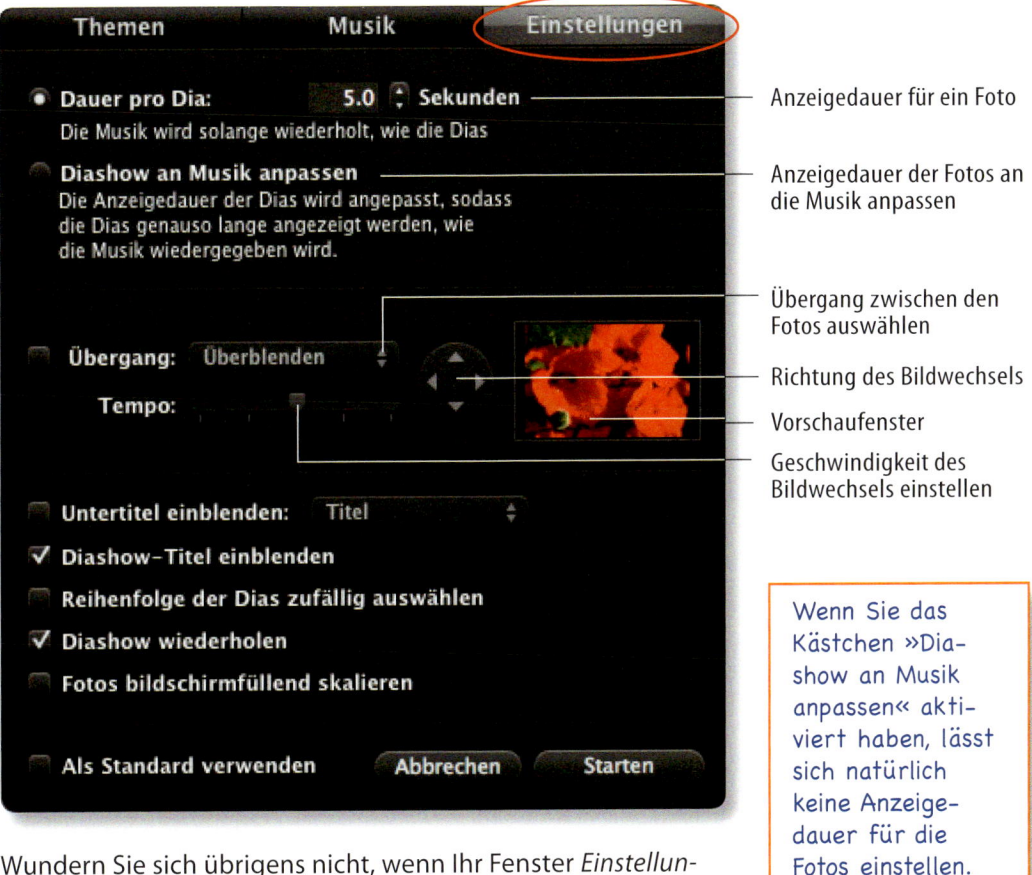

- Anzeigedauer für ein Foto
- Anzeigedauer der Fotos an die Musik anpassen
- Übergang zwischen den Fotos auswählen
- Richtung des Bildwechsels
- Vorschaufenster
- Geschwindigkeit des Bildwechsels einstellen

> Wenn Sie das Kästchen »Diashow an Musik anpassen« aktiviert haben, lässt sich natürlich keine Anzeigedauer für die Fotos einstellen.

Wundern Sie sich übrigens nicht, wenn Ihr Fenster *Einstellungen* ein wenig anders aussieht als hier abgebildet. Die jeweils angebotenen Einstellmöglichkeiten hängen nämlich vom vorher gewählten Thema der Diashow ab. So können Sie z. B. beim Thema *Fotoalbum* keinen Übergang einstellen, weil dies in diesem Fall keinen Sinn machen würde.

9. In das Textfeld unter *Dauer pro Dia* lässt sich die Anzeigedauer eines Fotos eintragen. Sie können auch auf die kleinen Pfeile klicken, um die Anzeigedauer zu verkürzen oder zu verlängern.

10. Wählen Sie mit der Maus eine Form des Übergangs aus, also den Effekt, der bei der Diashow zwischen zwei Fotos gezeigt werden soll. Dazu müssen Sie zunächst das Kontrollkästchen *Übergang* mit einem Häkchen versehen. Dann zeigt Ihnen ein Mausklick auf das Aufklappmenü dahinter eine Liste mit verschiedenen Effekten. Probieren Sie einfach mal aus, welche Ihnen gefallen. Das Ergebnis sehen Sie sofort im kleinen Vorschaufenster.

Bei manchen Effekten wird das kleine Rädchen links vom Vorschaufenster aktiv, mit dem Sie die Richtung des Bildwechsels festlegen können. Die vier kleinen Pfeiltasten werden dann weiß dargestellt.

Über den Schieberegler *Tempo* bestimmen Sie die Geschwindigkeit des Bildwechsels.

Im unteren Bereich des Fensters schließlich sehen Sie – auch hier wieder je nach gewähltem Thema – einige Kontrollkästchen. Hier können Sie z. B. einstellen, ob die Diashow wiederholt werden und ob die Bildabfolge zufällig geschehen soll.

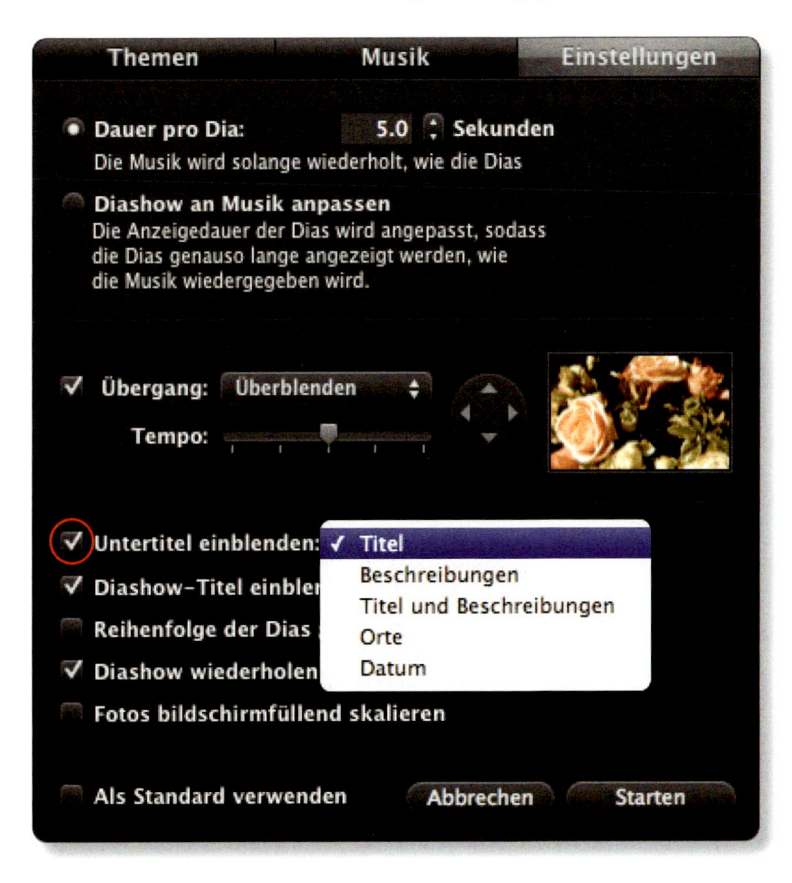

> Vorsichtig sein sollten Sie mit dem Kontrollkästchen »Fotos bildschirmfüllend skalieren«. Hochformatige Bilder werden bei der Diashow dann nämlich beschnitten.

Interessant ist auch die Möglichkeit, verschiedene Bildinformationen während der Diashow einzublenden. Wenn Sie dies möchten, müssen Sie mit der Maus ein Häkchen bei *Untertitel einblenden* setzen. Dann können Sie in dem Aufklappmenü dahinter auswählen, welche Art der Information bei den Fotos jeweils angezeigt werden soll.

Haben Sie alle Einstellungen für Ihre Wunsch-Diashow vorgenommen? Dann kann es losgehen!

11. Klicken Sie auf den Button *Starten*, um mit der Diashow zu beginnen.

Wenn Sie während der bildschirmfüllenden Wiedergabe Ihrer Fotos die Maus bewegen, wird ein kleiner Balken eingeblendet, über dessen Symbole Sie die Diashow steuern können.

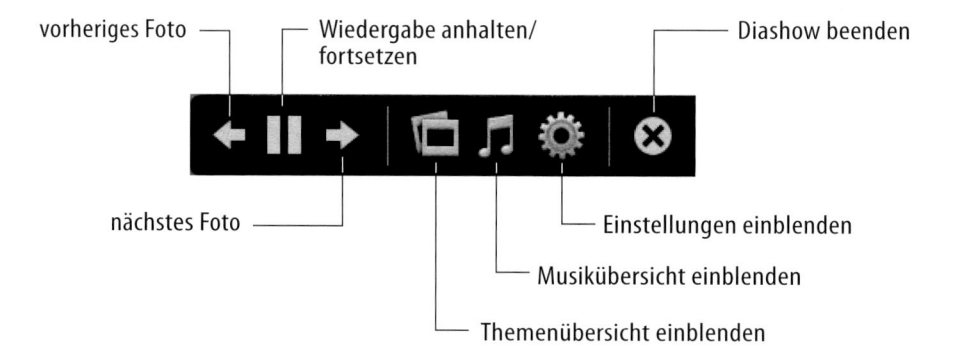

- vorheriges Foto
- Wiedergabe anhalten/fortsetzen
- Diashow beenden
- nächstes Foto
- Einstellungen einblenden
- Musikübersicht einblenden
- Themenübersicht einblenden

Darüber hinaus gibt es noch die praktische Möglichkeit, während der Diashow schnell zu einem bestimmten Foto zu springen: Bewegen Sie den Mauszeiger an den unteren Bildschirmrand, wird dort eine Miniaturleiste Ihrer Fotos sichtbar. Um direkt zu einem bestimmten Foto zu springen, klicken Sie dort einfach die Miniatur des Fotos an.

Zum sofortigen Beenden der Diashow können Sie übrigens auch `esc` auf Ihrer Tastatur drücken.

Ein eigenes Diashow-Projekt erstellen

Eine spontane Diashow, so wie Sie sie eben kennengelernt haben, ist für eine schnelle Präsentation prima geeignet. Doch manchmal wollen Sie eine Bilderschau vielleicht noch individueller gestalten und die Einzelheiten der Diashow genauer abstimmen. Dann müssen Sie ein eigenes Diashow-Projekt anlegen.

1. Wählen Sie für Ihre Diashow ein Ereignis, ein Album oder mehrere Fotos im Anzeigebereich von iPhoto aus, die Sie in die Wiedergabe aufnehmen möchten.

2. Wie bei der Erstellung eines neuen Albums klicken Sie auf das Pluszeichen links unten im Fenster von iPhoto, doch wählen Sie diesmal im dann eingeblendeten Fenster den Eintrag *Diashow*.

3. Im Textfeld vergeben Sie noch einen Namen für Ihre Diashow.

4. Klicken Sie auf *Erstellen*.

5. In der Seitenleiste von iPhoto sollte jetzt eine neue Rubrik mit dem Namen *Diashows* auftauchen und darin Ihre neu angelegte Diashow.

Kapitel 5   Groß rauskommen

6. Wenn Sie jetzt auf diesen neuen Eintrag Ihrer Diashow klicken, zeigt iPhoto ein Fenster, in dem Sie nun Ihre ganz persönliche Diashow gestalten können.

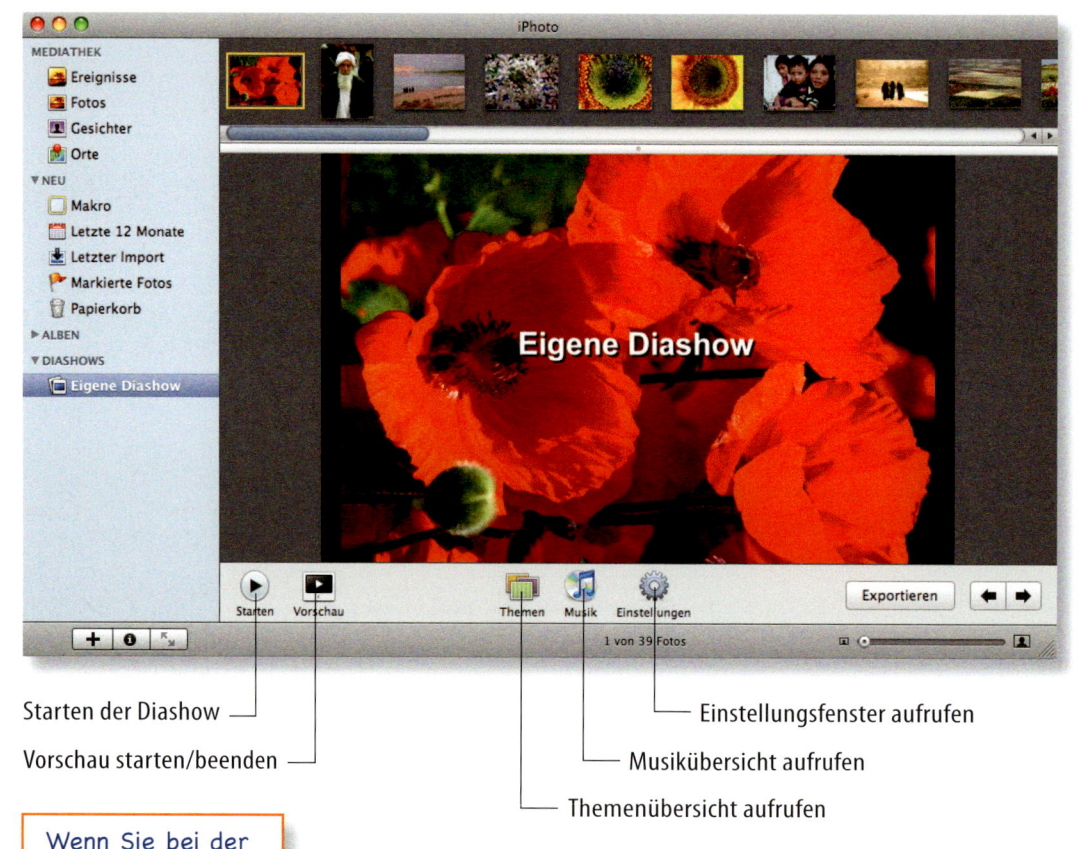

Starten der Diashow

Vorschau starten/beenden

Einstellungsfenster aufrufen

Musikübersicht aufrufen

Themenübersicht aufrufen

> Wenn Sie bei der Bildauswahl ein Foto vergessen haben, können Sie es auch nachträglich Ihrer Diashow hinzufügen: Ziehen Sie das Foto einfach mit der Maus auf das Diashow-Projekt in Ihrer Seitenleiste.

7. In der Miniaturleiste oben im Fenster legen Sie zunächst die gewünschte Reihenfolge fest, indem Sie ein Foto einfach mit gedrückt gehaltener Maustaste an seine neue Position ziehen.

184

8. Wählen Sie nach einem Klick auf *Themen* in der Bearbeitungsleiste ein Thema für Ihre Diashow aus. Klicken Sie im Dialogfenster auf *Auswählen*.

9. Wenn Sie Ihre Diashow mit Musik untermalen möchten, klicken Sie anschließend in der Bearbeitungsleiste auf *Musik*. Das dann eingeblendete Dialogfenster sieht genauso aus, wie Sie es schon von der spontanen Diashow her kennen, sodass Sie die gewünschten Einstellungen hier selbstständig vornehmen können.

Geringfügig anders zeigt sich das Fenster, das Sie zu sehen bekommen, wenn Sie in der Bearbeitungsleiste auf *Einstellungen* klicken.

Bei einem Diashow-Projekt können Sie die Effekte ganz gezielt für einzelne Fotos bestimmen. Trotzdem sollten Sie zunächst die Standardeinstellungen für die Diashow insgesamt festlegen und danach erst einzelne Fotos anpassen.

10. Wählen Sie diese Standardeinstellungen genauso aus, wie Sie es schon weiter oben kennengelernt haben. Der aktive Reiter *Alle Dias* oben im Dialogfenster zeigt Ihnen an, dass diese Vorgaben für alle Bilder gelten.

> Auch hier hängen die angebotenen Auswahlmöglichkeiten vom vorher festgelegten Thema der Diashow ab. Damit Sie Einstellungen vornehmen können, müssen Sie wie gehabt erst das jeweilige Kontrollkästchen aktivieren.

11. Klicken Sie nun mit der Maus auf den Reiter *Dieses Dia* im *Diashow-Einstellungen*-Fenster.

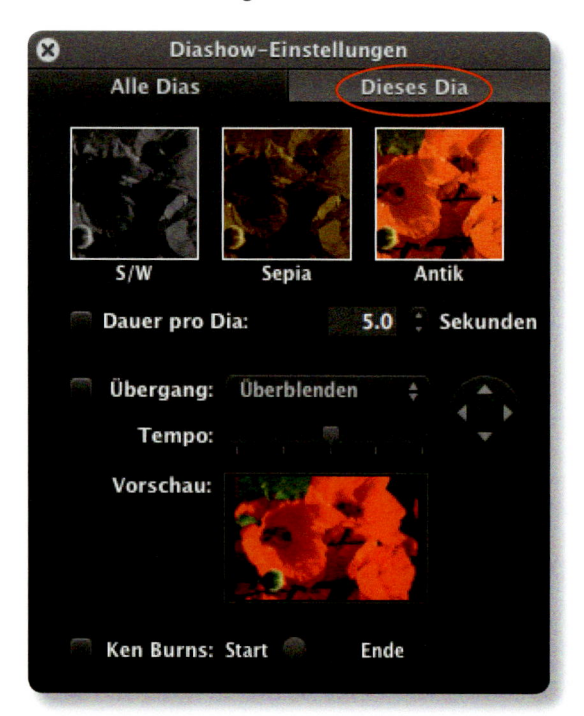

12. Jetzt können Sie in der Miniaturübersicht im iPhoto-Fenster ein Foto aus Ihrer Diashow auswählen und im *Diashow-Einstellungen*-Fenster unter *Dieses Dia* individuelle Anpassungen für das ausgewählte Foto vornehmen. Mit einem Klick auf eines der drei Miniaturen *S/W*, *Sepia* und *Antik* können Sie einen Effekt für das Foto einstellen, außerdem lässt sich die Anzeigedauer und die Form des Übergangs festlegen. Im kleinen Vorschaufenster wird der gewählte Übergang angezeigt; zur Wiederholung der Vorschau klicken Sie einfach noch einmal in dieses Vorschaufenster.

13. Wenn Sie alle Einstellungen vorgenommen haben, schließen Sie das *Diashow-Einstellungen*-Fenster mit einem Klick auf das kleine x oben links in der Fensterecke.

14. Klicken Sie auf den Button *Starten* im iPhoto-Fenster, um mit der Diashow zu beginnen.

Handfestes

Fotos am Bildschirm betrachten ist eine feine Sache, aber für manche ist ja das Schönste an der Digitalfotografie, dass man die Fotos auch »ganz normal« auf Papier bringen kann.

Fotos selbst ausdrucken

Zunächst müssen Sie die gewünschten Fotos erst einmal auswählen.

1. Wählen Sie im Anzeigefenster von iPhoto ein Ereignis oder einzelne Fotos, die Sie ausdrucken möchten.
2. Rufen Sie im *Ablage*-Menü von iPhoto den Befehl *Drucken …* auf.

Das Druckfenster von iPhoto wird geöffnet.

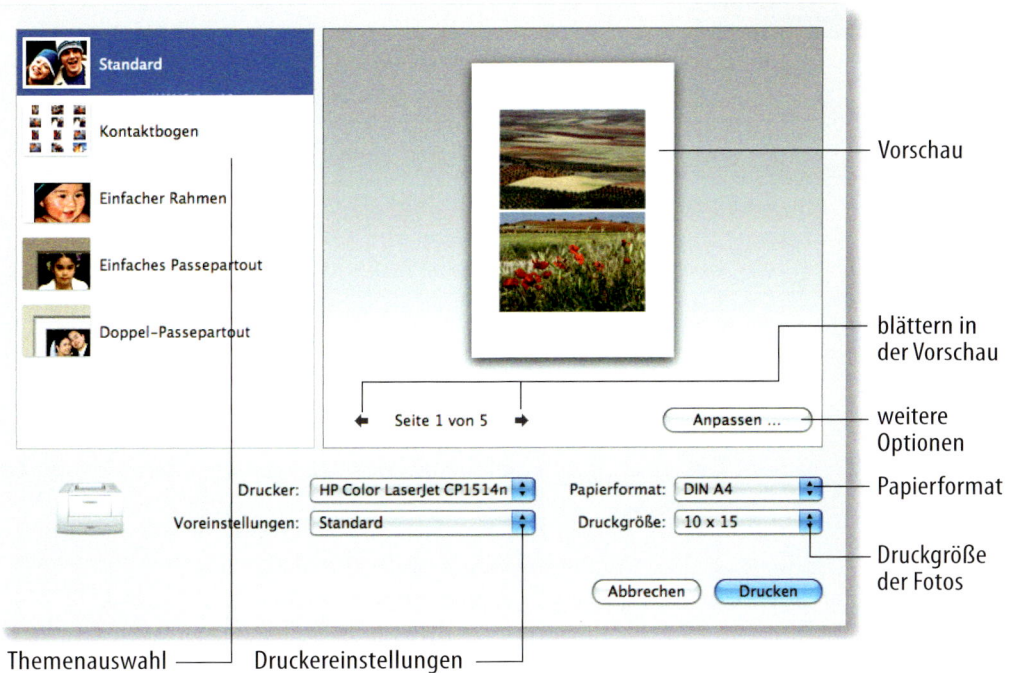

> Wie Sie die Anzahl der Bilder pro Seite auf einem Kontaktbogen steuern können, erfahren Sie auf der nächsten Seite.

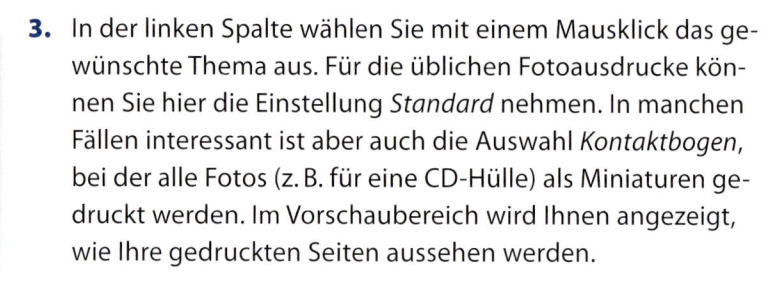

3. In der linken Spalte wählen Sie mit einem Mausklick das gewünschte Thema aus. Für die üblichen Fotoausdrucke können Sie hier die Einstellung *Standard* nehmen. In manchen Fällen interessant ist aber auch die Auswahl *Kontaktbogen*, bei der alle Fotos (z. B. für eine CD-Hülle) als Miniaturen gedruckt werden. Im Vorschaubereich wird Ihnen angezeigt, wie Ihre gedruckten Seiten aussehen werden.

4. Bei manchen Druckern können Sie unter *Voreinstellungen* noch das verwendete Papier einstellen. Für hochwertige Drucke sollten Sie auf jeden Fall ein spezielles Fotopapier verwenden und dies – wenn Ihr Drucker dies ermöglicht – hier angeben. Ansonsten belassen Sie die Auswahl auf *Standard*.

5. Das *Papierformat* ist in der Regel DIN A4, Sie können hier aber auch ein anderes Format einstellen.

6. Die *Druckgröße* ist ebenfalls regelbar. Sie finden im Aufklappmenü alle gängigen Ausgabegrößen. Im Vorschaubereich können Sie das Aussehen überprüfen. Achten Sie aber auf das Seitenverhältnis der Fotos: Bei einer unpassend eingestellten Druckgröße wird das Foto beschnitten.

7. Ein Mausklick auf *Drucken* startet den Ausdruck Ihrer Fotos.

Für Fortgeschrittene: ein eigenes Druckprojekt anlegen

Normalerweise reichen die angebotenen Einstellmöglichkeiten des eben besprochenen Druckfensters von iPhoto aus. Aber hin und wieder soll es ja vielleicht ein bisschen üppiger sein.

Wahrscheinlich ist Ihnen im Druckfenster schon der Button *Anpassen …* aufgefallen. Dahinter verbergen sich weitere Optionen, mit denen Sie Ihren Druck noch raffinierter gestalten können.

1. Klicken Sie auf den Button *Anpassen …*

Ihr Druckprojekt wird nun in der Darstellung für die Druckbearbeitung geöffnet, und in der Seitenleiste wird das Symbol für Druckprojekte (*Drucken*) eingeblendet.

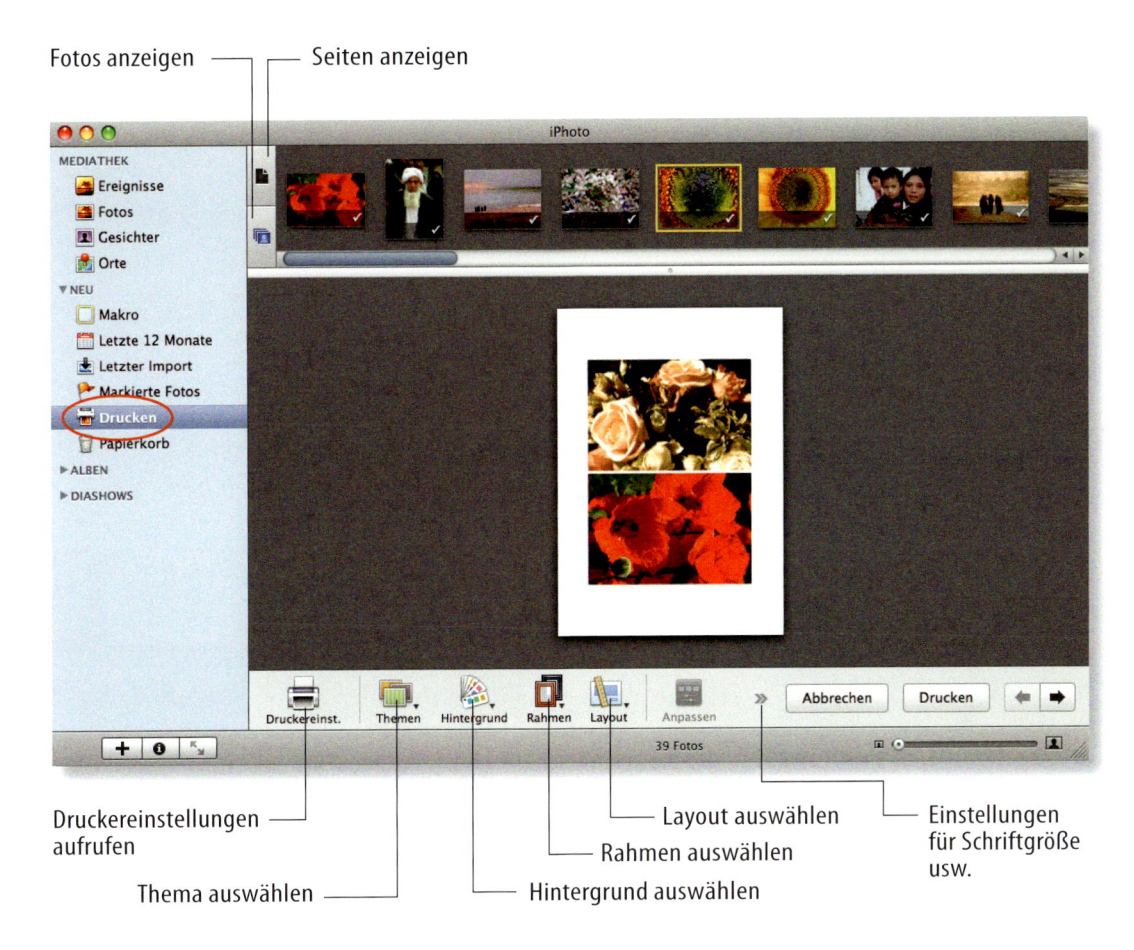

Oben an der Leiste mit der Miniaturübersicht befinden sich zwei Buttons, mit denen Sie bestimmen können, ob dort die einzelnen Fotos oder aber die zusammengestellten Druckseiten angezeigt werden. Das jeweils aktive Symbol ist blau dargestellt.

2. Zunächst legen Sie nach einem Klick auf *Themen* das Thema für Ihren Druckauftrag fest. Dies kennen Sie bereits aus dem schon besprochenen Standard-Druckfenster. Wenn Sie hier übrigens *Kontaktbogen* auswählen, wird Ihnen in der Bearbeitungsleiste ein Regler eingeblendet, mit dem Sie die Anzahl der Fotos pro Seite über die Spaltenanzahl steuern können.

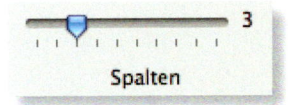

> Die angebotenen Hintergrundfarben sowie die mögliche Anzahl der Bilder pro Seite hängen vom vorher ausgewählten Thema ab. Probieren Sie die einzelnen Varianten einfach einmal aus.

3. Klicken Sie auf *Hintergrund*, um die Rahmenfarbe für Ihre Fotos einzustellen. Wundern Sie sich nicht, wenn Sie im Vorschaubereich keine Änderung erkennen können. Dazu müssen Sie nämlich erst noch einen Rahmenstil auswählen.

4. Deshalb klicken Sie als Nächstes auf *Rahmen* und wählen hier einen Rahmenstil aus, der Ihnen gefällt.

5. Wenn Sie auf *Layout* klicken, können Sie ein Layout für Ihre Seiten bestimmen.

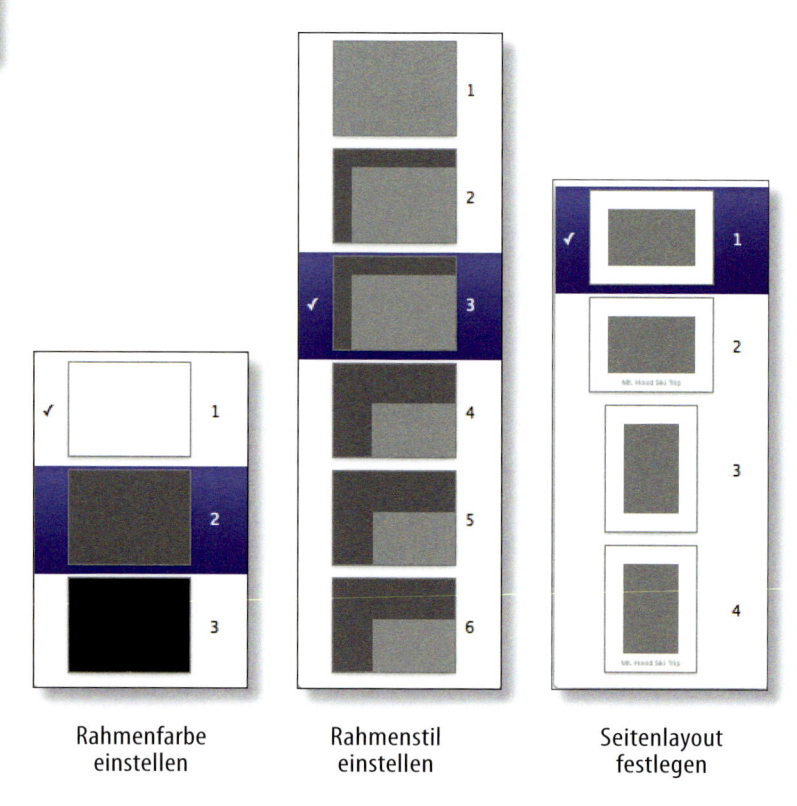

Rahmenfarbe einstellen   Rahmenstil einstellen   Seitenlayout festlegen

6. Einige der angebotenen Seitenlayouts bieten die Möglichkeit, einen Text unter das Foto zu platzieren. Wenn Sie ein solches Layout ausgesucht haben, klicken Sie (am besten nach Vergrößerung mit dem Zoom-Regler) auf den vorgegebenen Text und tippen Ihre eigene Bildbeschreibung ein.

7. Die Schriftart und die Schriftgröße können Sie ebenfalls selbst bestimmen. Dazu klicken Sie auf das kleine Doppelpfeil-Symbol in der Werkzeugleiste. Es öffnet sich ein Fenster, in dem Sie diese Einstellung vornehmen.

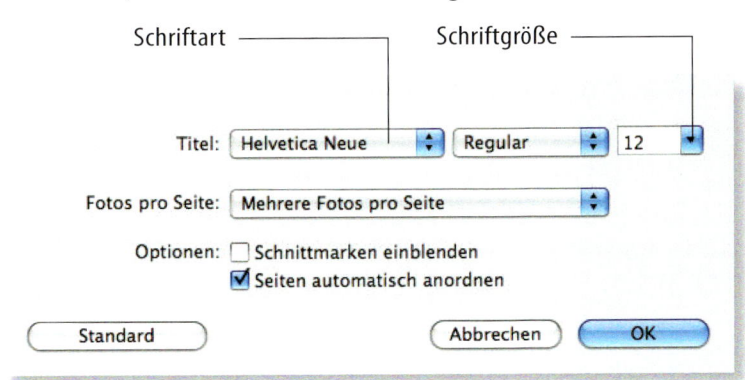

> Bedenken Sie dabei jedoch, dass die Schriftgröße Einfluss hat auf die Anzahl der Fotos pro Seite.

In diesem Fenster können Sie durch ein aktiviertes Kontrollkästchen vor *Schnittmarken einblenden* auch Schnittmarken mit ausdrucken, die Ihnen beim späteren Beschneiden der Fotos helfen können.

Die Einflussmöglichkeiten bei einem Druckprojekt gehen aber noch weiter: Wenn Sie im Vorschaubereich ein Foto mit einem Mausklick markieren, wird zum einen ein Schieberegler oberhalb des Fotos sichtbar, zum anderen wird das Symbol *Anpassen* in der Werkzeugleiste auswählbar. Mit dem Schieberegler können Sie das Foto innerhalb des Rahmens vergrößern (um Details besser zu erkennen); wenn Sie auf das Foto klicken, verändert sich der Mauszeiger zu einem Handsymbol, mit dem Sie das Foto innerhalb des Rahmens bewegen können.

Diese Vergrößerungsmöglichkeit ist sinnvoll, weil Sie die Option haben, ein einzelnes Foto nur für die Druckausgabe zu bearbeiten, ohne dass dies Auswirkungen auf die Fotos in Ihrer Mediathek hat.

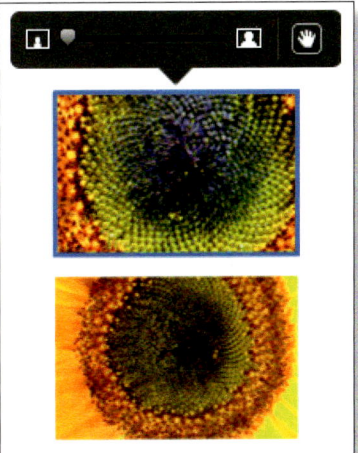

8. Klicken Sie dazu auf ein Foto im Vorschaubereich und anschließend auf *Anpassen* in der Werkzeugleiste.

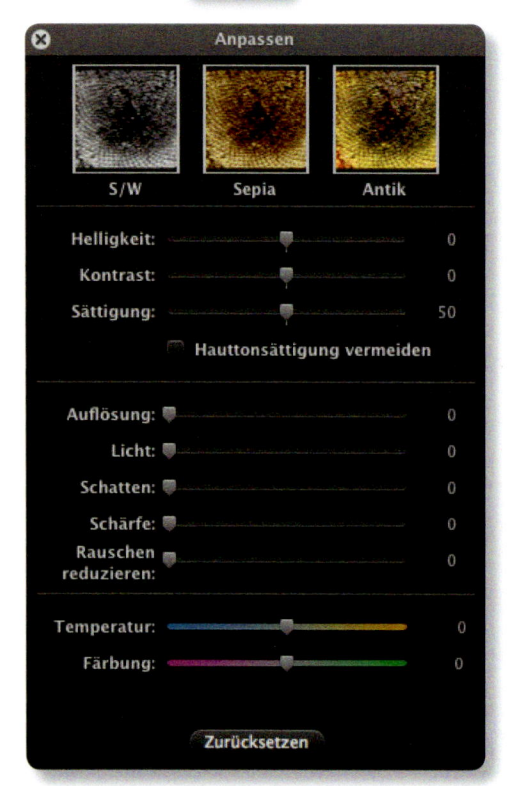

9. Es öffnet sich ein Fenster, das Ihnen im Wesentlichen schon von der Bildbearbeitung her bekannt ist. Hier können Sie Helligkeit, Kontrast oder Farbe anpassen oder auch einen der drei angebotenen Effekte zuweisen. Und wie gesagt: Diese Einstellungen gelten nur für das Ausdrucken! Zum Schließen des Fensters klicken Sie auf das kleine *x* oben links.

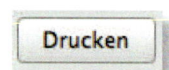

10. Wenn Sie alle Angaben in den verschiedenen Dialogfenstern gemacht haben, können Sie auf *Drucken* klicken, und Ihr individueller Druckauftrag wird gestartet.

Papierabzüge online bestellen

Wenn Sie sich nicht die Mühe machen wollen, Ihre Fotos selbst auszudrucken, können Sie Papierabzüge auch von Ihrem Mac aus online bestellen. iPhoto hat dafür eigens einen Befehl vorgesehen.

Handfestes

Sobald Sie ein oder mehrere Fotos ausgewählt haben, lässt sich im *Ablage*-Menü der Befehl *Abzüge bestellen …* aufrufen.

Es wird ein Fenster eingeblendet, in dem Sie sehr komfortabel die gewünschte Anzahl von Abzügen sowie das Format zu jedem der vorher ausgewählten Fotos eintragen können.

Wenn Sie diesen Befehl das erste Mal aufrufen, müssen Sie allerdings eine einmalige Anmeldeprozedur für einen Apple-Account hinter sich bringen, die Sie mit einem Klick auf *Account konfigurieren* starten. Sie werden dabei z. B. nach Ihren Adressdaten und Ihrer Zahlungsweise gefragt. Danach ist die Bestellung von Papierabzügen eine Sache von wenigen Mausklicks.

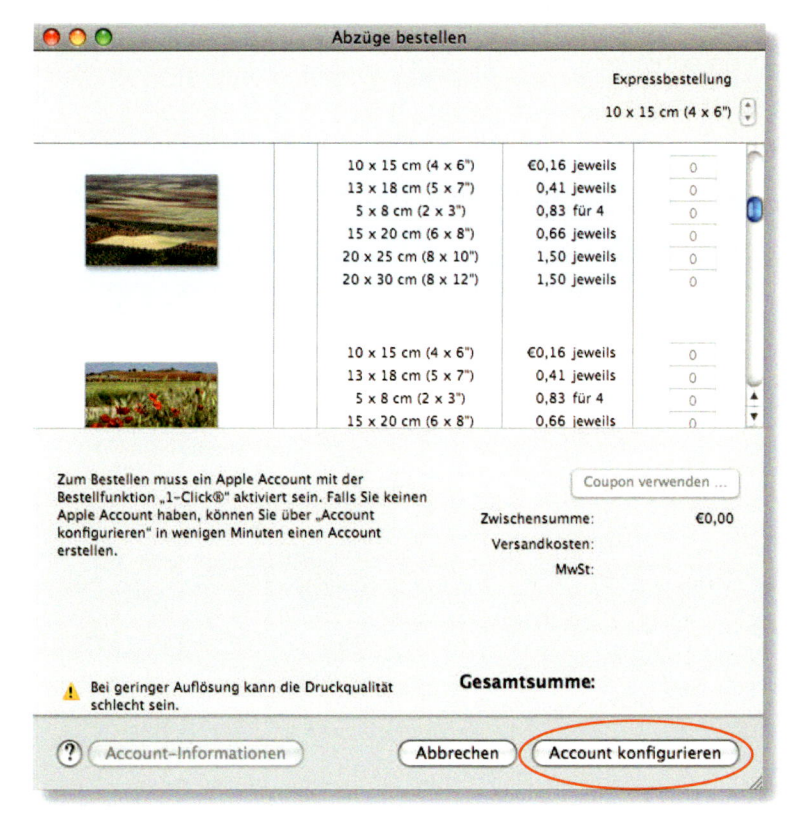

> Wenn Sie bereits einen Apple-Account besitzen (z. B. durch das Einkaufen von Musiktiteln über iTunes), können Sie selbstverständlich diesen hier verwenden.

Kapitel 5   Groß rauskommen

Wie Sie im folgenden Abschnitt sehen werden, ist die Einrichtung eines Apple-Accounts nicht nur für die Onlinebestellung von Papierabzügen enorm praktisch, sondern ermöglicht Ihnen auch die Bestellung von gebundenen Fotobüchern, Karten oder Kalendern.

Formvollendete Erinnerungen

Die Erstellung von ganz persönlichen Fotodrucksachen ist eine besonders reizvolle Form, Ihre Fotos in Szene zu setzen, und macht immer sehr viel her.

Ein Fotobuch erstellen

1. Wie immer wählen Sie zunächst die Ereignisse, einzelnen Fotos oder Alben aus, die Sie gerne in Ihr Buch aufnehmen möchten.

2. Klicken Sie auf das Plussymbol in der Werkzeugleiste von iPhoto.

3. Es öffnet sich ein Fenster, das Sie z. B. schon bei der Erstellung einer Diashow kennengelernt haben. Diesmal wählen Sie in der oberen Auswahlleiste den Eintrag *Buch*.

So geht es auch: In den meisten Ansichten von iPhoto finden Sie in der Werkzeugleiste das Symbol »Andenken«. Dahinter verbirgt sich ebenfalls die Erstellung verschiedener Drucksachen, die Sie mit Ihren Fotos gestalten können.

194

4. Vergeben Sie in dem entsprechenden Textfeld einen Namen für Ihr neues Fotobuch.

5. Im Aufklappmenü *Buchtyp* sollten Sie jetzt erst einmal den gewünschten Buchtyp und das Buchformat aussuchen. Sie müssen sich zwischen einer gebundenen Ausgabe, einem Taschenbuch oder einem Taschenbuch mit Spiralbindung entscheiden.

6. In der linken Spalte werden Ihnen die verfügbaren Themen zu dem soeben ausgwählten Format angezeigt. Wenn Sie dort ein Thema anklicken, sehen Sie im Vorschaubereich daneben ein Muster für Ihre Auswahl. Wenn Sie Ihre Auswahl getroffen haben, klicken Sie auf *Auswählen*.

> Über die jeweiligen Optionen und Preise informiert ein Klick auf die gleichnamige Schaltfläche.

iPhoto wechselt in die Buchdarstellung, in der Sie nun Ihr persönliches Fotobuch kreativ layouten können.

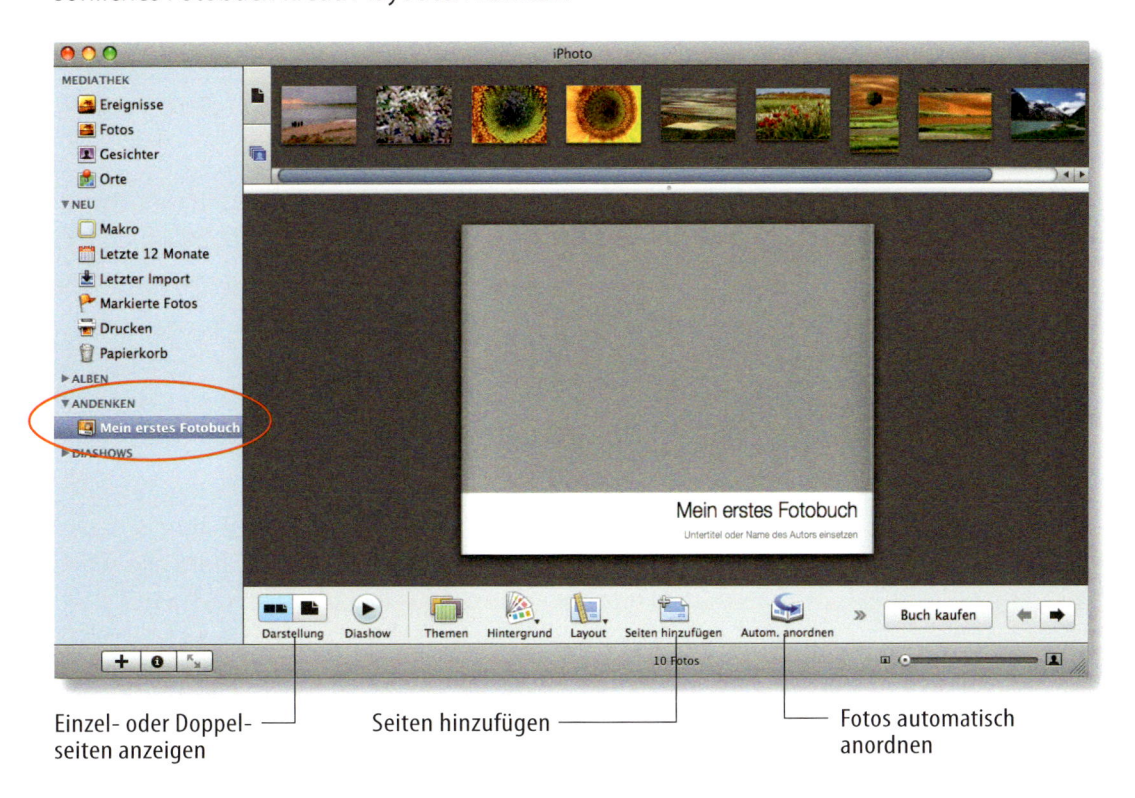

Einzel- oder Doppelseiten anzeigen

Seiten hinzufügen

Fotos automatisch anordnen

In der Seitenleiste von iPhoto sehen Sie, dass eine neue Rubrik *Andenken* hinzugekommen ist, die Ihr neues Fotobuch beinhaltet.

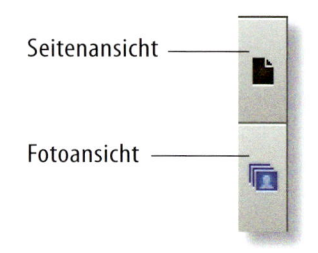

Seitenansicht

Fotoansicht

Neben der Miniaturleiste sehen Sie die schon bekannten Schaltflächen zum Umschalten zwischen Fotoansicht und Seitenansicht. Dies ist ein wichtiges Instrument zum komfortablen Layouten Ihres Fotobuchs.

Wenn Sie nämlich einen Überblick über den Seitenumbruch haben möchten, reicht ein Klick auf die Schaltfläche für die Seitenansicht.

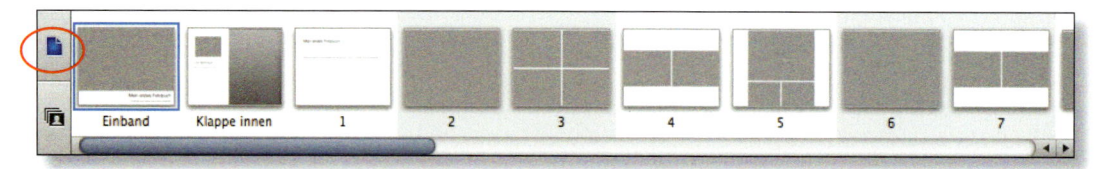

Im Augenblick sind die vorgesehenen Flächen für die Fotos noch grau, da Sie noch keine Fotos platziert haben. Das werden Sie jetzt ändern.

7. Klicken Sie zunächst wieder auf die Schaltfläche für die Fotoansicht, damit Sie die Fotos oben in der Übersichtsleiste sehen können.

8. Ziehen Sie die Fotos nun aus dem oberen Bereich des iPhoto-Fensters auf die grauen Flächen Ihrer Buchseiten. Mit den Pfeiltasten können Sie dabei innerhalb der Buchseiten blättern. Bereits platzierte Bilder weisen in der Miniaturübersicht ein kleines Häkchen auf.

Das ist Ihnen zu umständlich? Es geht natürlich auch schneller, ist dann aber nicht ganz so kreativ: Ein Klick auf *Autom. anordnen* in der Bearbeitungsleiste sorgt dafür, dass iPhoto alle ausgewählten Fotos automatisch zu einem Buch zusammenstellt.

> Die Schaltfläche »Autom. anordnen« verschwindet manchmal aus der Bearbeitungsleiste, wenn das Fenster zu klein ist. Ziehen Sie dann einfach das iPhoto-Fenster etwas breiter.

Handfestes

9. Sie können jederzeit die Reihenfolge der Buchseiten ändern, indem Sie die betreffenden Seiten in der Miniaturübersicht mit der Maus an die neue Position bewegen. iPhoto macht an der Stelle dann Platz dafür.

10. Wenn Sie übrigens weitere Seiten benötigen, schaffen Sie mit einem Klick auf *Seiten hinzufügen* in der Werkzeugleiste weiteren Platz für Ihre Fotos.

197

Kapitel 5   Groß rauskommen

11. Wenn Ihnen ein Foto an einer bestimmten Stelle des Fotobuchs doch nicht so gefällt, ziehen Sie es einfach wieder in die Miniaturfotoübersicht und platzieren stattdessen ein anderes.

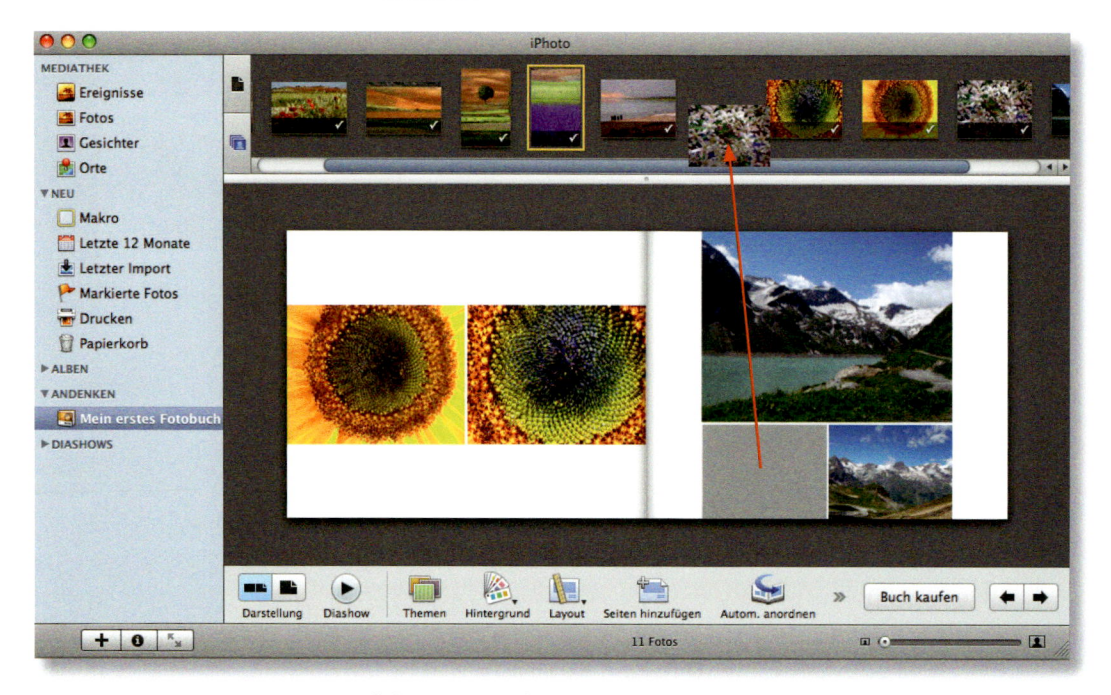

Auf diese Weise können Sie Seiten bzw. einzelne Fotos so lange verschieben, bis Sie zufrieden sind.

12. Sie sind übrigens nicht an ein vorgegebenes Layout gebunden. Möchten Sie z. B. auf einer bestimmten Seite statt zwei Fotos nur eines haben, markieren Sie die entsprechende Seite und klicken in der Werkzeugleiste auf *Layout*. Wählen Sie anschließend im zugehörigen Aufklappmenü das neue Layout für die Seite aus.

13. Sicher ist Ihnen schon aufgefallen, dass einige Seitenlayouts auch Textfelder aufweisen. Auf der Titelseite z. B. wurde von iPhoto schon mal Ihr Titel des Fotobuchs eingesetzt. Sie können grundsätzlich jedes Textfeld anklicken und mit Ihrem Wunschtext überschreiben. Am besten benutzen Sie dabei wieder den Zoom-Regler, um den Text besser eingeben und lesen zu können.

14. Auch das Aussehen des Textes in Ihrem Fotobuch können Sie beeinflussen. Wenn Sie in der Werkzeugleiste auf das kleine Doppelpfeil-Symbol und anschließend auf *Einstellungen* klicken, lassen sich die Vorgaben für die verschiedenen Textvarianten detailliert einstellen. Wenn Sie alle gewünschten Einstellungen getroffen haben, schließen Sie das Fenster mit einem Klick auf *OK*.

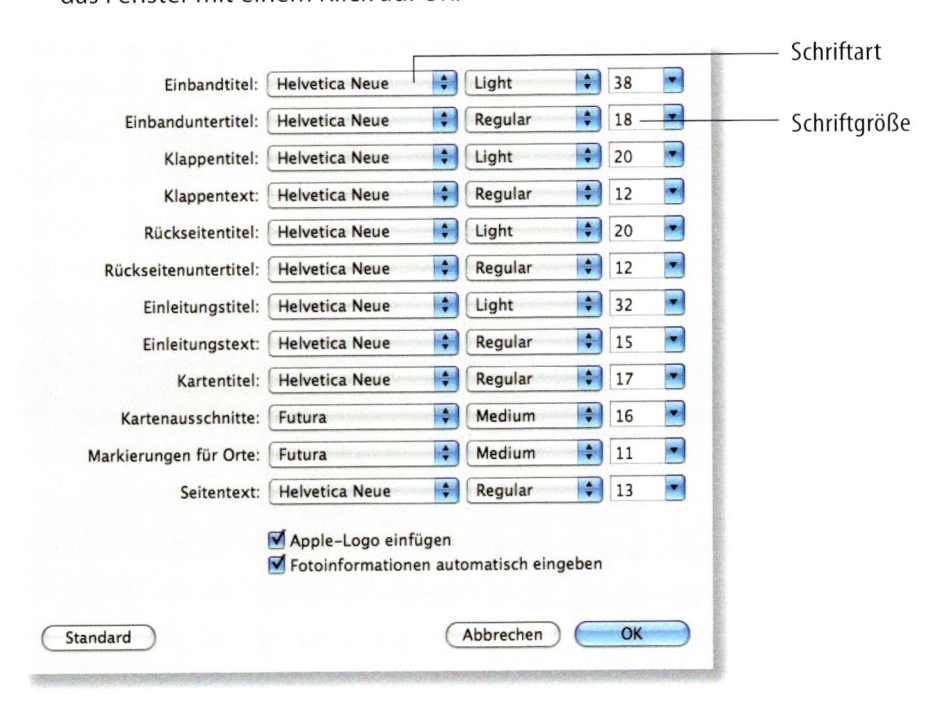

15. Nachdem Sie alle Seiten noch einmal sorgfältig überprüft haben, drucken Sie die Buchseiten zur Sicherheit auf Ihrem Drucker aus. Wählen Sie dazu im iPhoto-Menü unter *Ablage* den Befehl *Drucken*.

16. Ist alles okay? Dann können Sie Ihr persönliches Fotobuch mit einem Klick auf *Buch kaufen* online bestellen. Wie schon bei der Bestellung von Papierabzügen näher erläutert, müssen Sie auch hierfür über einen Apple-Account verfügen.

Einen Fotokalender erstellen

Das Erstellen eines Fotokalenders ähnelt in vielen Teilen der eben besprochenen Fotobucherstellung.

1. Wählen Sie zunächst die Ereignisse, einzelnen Fotos oder Alben aus, die Sie gerne in Ihren Kalender aufnehmen möchten.
2. Klicken Sie auf das Plussymbol in der Werkzeugleiste von iPhoto.
3. Es öffnet sich das schon bekannte Fenster, in dem Sie in der oberen Auswahlleiste den Eintrag *Kalender* auswählen.

4. Vergeben Sie einen Titel für Ihren Fotokalender und suchen Sie sich in der linken Spalte ein Thema aus. Im Vorschaubereich daneben sehen Sie das entsprechende Muster.
5. Klicken Sie auf *Auswählen*.
6. iPhoto möchte nun von Ihnen wissen, wann Ihr Fotokalender beginnen soll. Geben Sie den entsprechenden Zeitraum ein. Sie können hier auch angeben, ob Sie den Eintrag von Feiertagen wünschen. In diesem Fall wählen Sie das be-

treffende Land im Aufklappmenü unter *Nationale Feiertage einblenden aus:*. Klicken Sie anschließend auf *OK*.

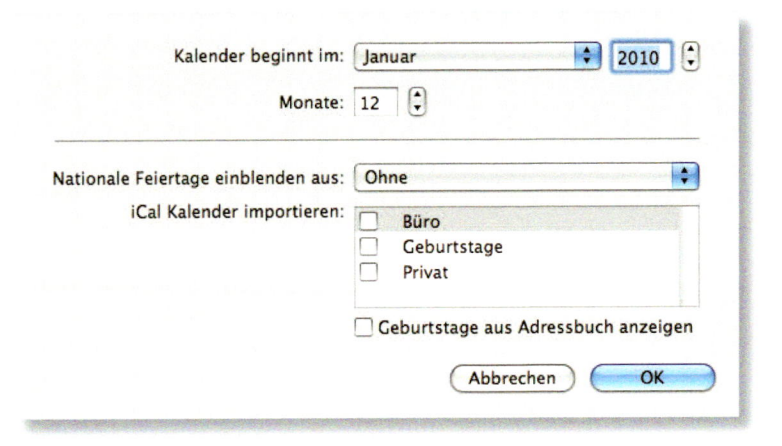

iPhoto zeigt Ihnen Ihren neuen Kalender in der Kalenderdarstellung, die Ihnen vertraut vorkommen sollte, denn viele Elemente kennen Sie bereits von der Erstellung eines Fotobuchs.

Bei der Gestaltung Ihres Fotokalenders können Sie deshalb genauso vorgehen, wie Sie es beim Fotobuch schon gemacht haben.

7. Bewegen Sie Ihre Fotos mit der Maus von der linken Übersichtsleiste auf die Seiten Ihres Kalenders. Mit den Pfeiltasten blättern Sie innerhalb des Kalenders vor und zurück. Auch hier gibt es in der Werkzeugleiste den Eintrag *Autom. anordnen*, um ganz schnell ein Ergebnis zu erzielen.

8. Versehen Sie das Titelblatt mit einem eigenen Text, indem Sie den vorgegebenen Text überschreiben.

9. Sie können Ihren Fotokalender übrigens noch persönlicher gestalten: Wenn Sie im Kalendarium auf ein bestimmtes Datum klicken, öffnet sich ein kleines Textfenster, indem Sie ganz individuell eigene Ereignisse, Termine oder einfach einen lieben Gruß eintragen können. Schließen Sie das Textfenster anschließend mit einem Klick auf das kleine *x* oben links im Fenster.

10. Haben Sie alle Ihre Fotos platziert und alle Eintragungen vorgenommen? Dann können Sie Ihren Kalender jetzt ausdrucken, um alles noch einmal zu überprüfen. Wählen Sie dazu im iPhoto-Menü unter *Ablage* den Befehl *Drucken*.

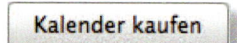

11. Der Button *Kalender kaufen* bringt Sie direkt zur bekannten Bestellmöglichkeit.

Eine Grußkarte erstellen

Jetzt können Sie es sicher schon ganz souverän und gestalten Ihre erste eigene Grußkarte im Handumdrehen.

1. Wählen Sie ein oder mehrere Fotos aus, die Sie gerne auf einer Grußkarte verwenden möchten.

Handfestes

2. Klicken Sie auf das Pluszeichen unten links im iPhoto-Fenster.

3. Wählen Sie in der oberen Leiste den Eintrag *Karte* aus.

4. Vergeben Sie einen Namen für Ihre Grußkarte und bestimmen Sie dann in bekannter Weise das Thema der Karte.

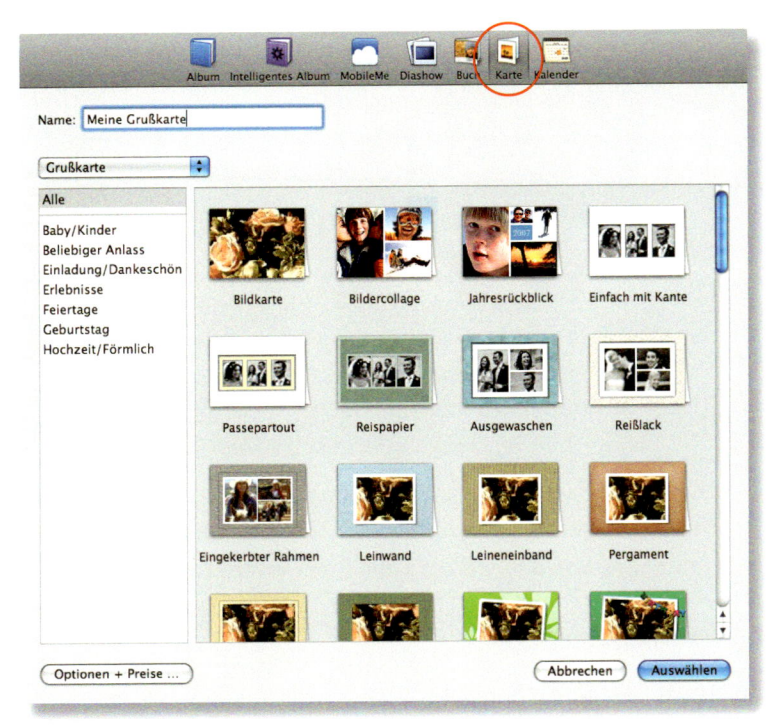

Ihre neue Grußkarte sehen Sie anschließend in der Kartendarstellung, in der Sie Ihre individuelle Grußkarte gestalten können.

Kapitel 5   Groß rauskommen

Auch hier dürften Ihnen die Einstellmöglichkeiten vom Fotobuch bzw. Kalender her vertraut sein. Bei der Grußkarte haben Sie in der Werkzeugleiste zusätzlich den Eintrag *Ausrichtung*. Hier können Sie festlegen, ob Sie die Karte horizontal oder vertikal anlegen möchten.

Wenn Sie mit Ihrem Layout und den persönlichen Texteintragungen zufrieden sind, können Sie über den Button *Karte kaufen* die Bestellung online erledigen. Sie sollten aber immer vorher einen Kontrollausdruck machen.

E-Mail für gute Freunde

Wenn es besonders schnell und unkompliziert gehen soll, können Sie Ihre Fotos auch elektronisch auf die Reise schicken. Als E-Mail-Anhang lassen Sie so gute Freunde an Ihren schönsten Bildern teilhaben.

1. Wählen Sie ein oder auch mehrere Fotos aus, die Sie als E-Mail-Anhang verschicken möchten. Sie sollten aber nicht zu viele Fotos in einer E-Mail verschicken, da die Übertragung der Daten ansonsten sehr lange dauern kann.

2. Sobald Sie die Fotos markiert haben, wird die Schaltfläche *E-Mail* in der Werkzeugleiste von iPhoto auswählbar. Klicken Sie sie an.

Es öffnet sich ein Fenster, in dem Sie verschiedene Angaben zum Versenden Ihrer ausgewählten Fotos machen können. Ich hatte für dieses Beispiel zwei Fotos markiert, was auch in der Titelleiste des Fensters wiederzufinden ist.

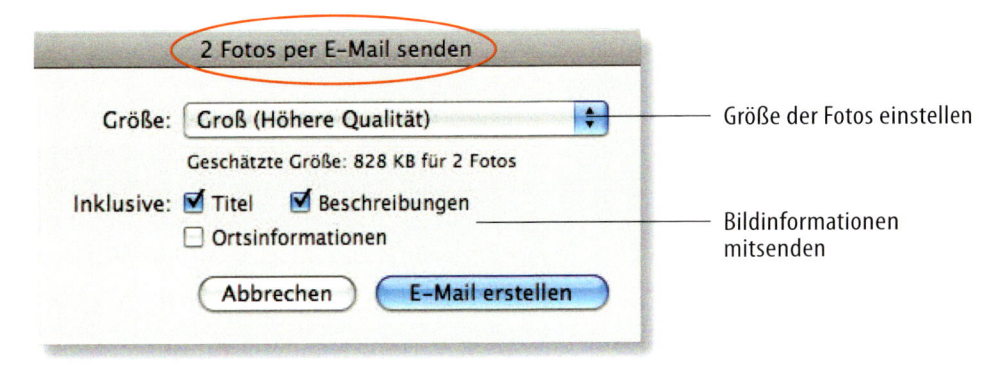

— Größe der Fotos einstellen

— Bildinformationen mitsenden

3. Die wichtigste Angabe betrifft die *Größe* eines Fotos. Vor allem wenn Sie mehrere Fotos versenden wollen, sollten Sie hier eher eine kleine oder mittlere Bildgröße einstellen, um den Ladevorgang nicht unnötig in die Länge zu ziehen. Wenn der Empfänger das Foto in Originalgröße zu sehen bekommen soll, wählen Sie *Originalgröße* aus dem Aufklappmenü. Die gesamte geschätzte Größe der Fotos zeigt Ihnen iPhoto direkt unterhalb dieses Menüs.

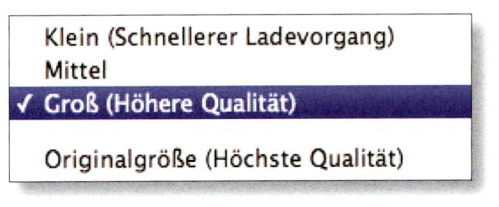

> Wenn das gesendete Foto ausgedruckt werden soll, müssen Sie mindestens die Einstellung »Groß« wählen.

4. Danach bestimmen Sie noch, welche zusätzlichen Informationen mit den Fotos mitgesendet werden sollen. Sie können den *Titel* sowie die *Beschreibungen* zum jeweiligen Foto mit einem Mausklick auf das entsprechende Kontroll-

kästchen einschließen. Darüber hinaus haben Sie auch noch die Möglichkeit, die GPS-Daten zu den *Ortsinformationen* mitzusenden.

5. Wenn Sie alle Einstellungen vorgenommen haben, klicken Sie auf *E-Mail erstellen*.

iPhoto bereitet nun Ihre Fotos für den E-Mail-Versand vor. Zum eigentlichen Versenden der Fotos startet aber im Anschluss Ihr E-Mail-Programm. Dort wird eine neue E-Mail angelegt, in der Ihre Fotos bereits eingebettet sind. Wenn Sie mit dem E-Mail-Programm *Mail* arbeiten, sieht ein geöffnetes E-Mail-Fenster zum Beispiel so aus:

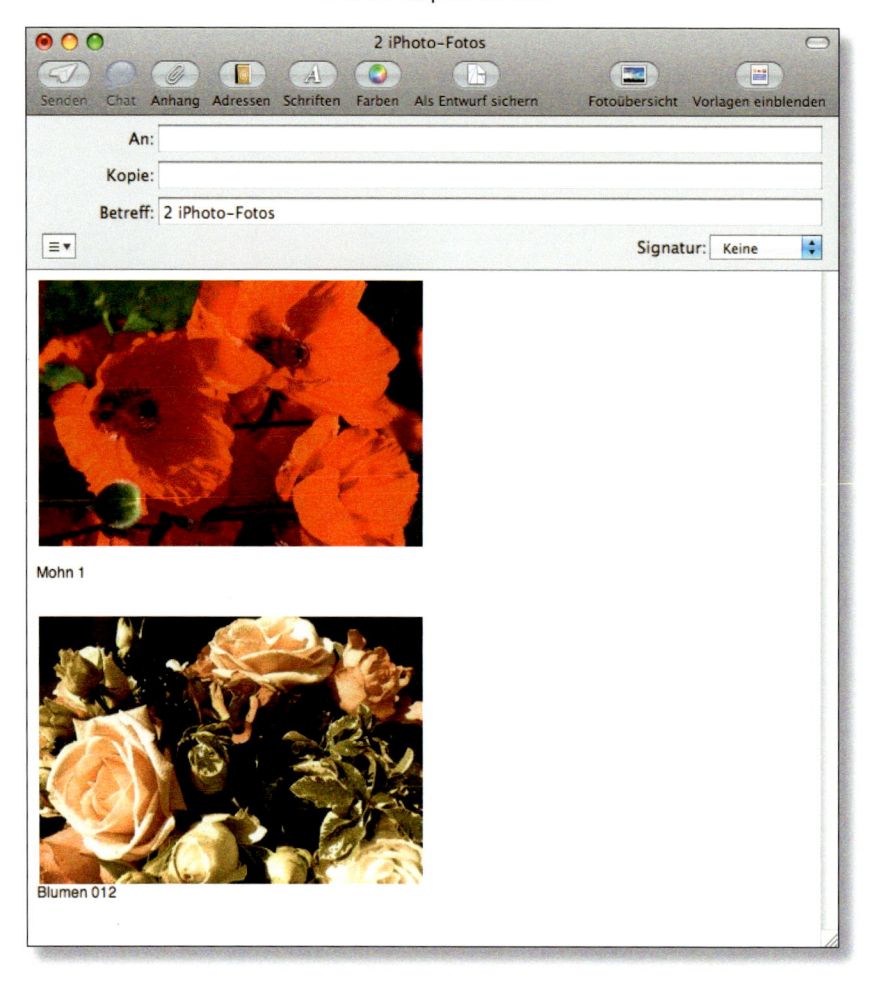

6. Wie Sie sehen, ist sogar schon ein Betreff für die E-Mail vorbereitet, und Sie müssen nur noch die E-Mail-Adresse eingeben und die E-Mail anschließend versenden.

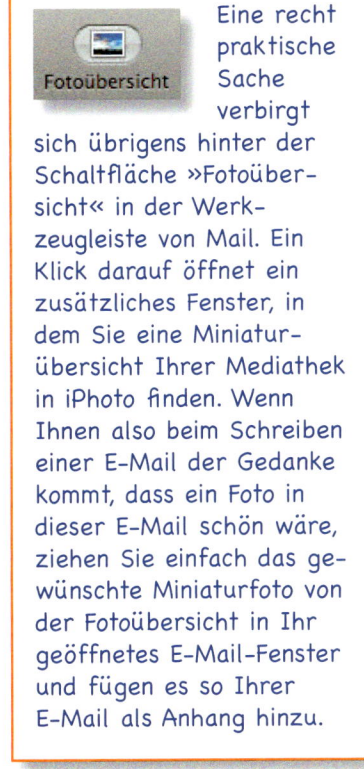

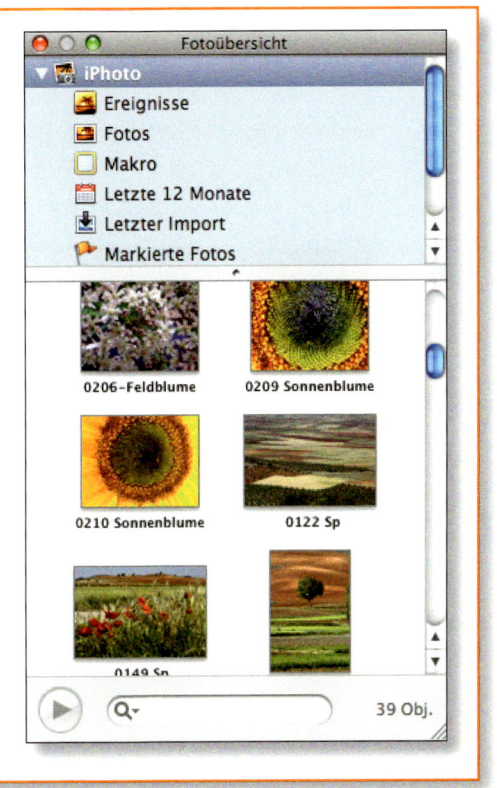

Eine recht praktische Sache verbirgt sich übrigens hinter der Schaltfläche »Fotoübersicht« in der Werkzeugleiste von Mail. Ein Klick darauf öffnet ein zusätzliches Fenster, in dem Sie eine Miniaturübersicht Ihrer Mediathek in iPhoto finden. Wenn Ihnen also beim Schreiben einer E-Mail der Gedanke kommt, dass ein Foto in dieser E-Mail schön wäre, ziehen Sie einfach das gewünschte Miniaturfoto von der Fotoübersicht in Ihr geöffnetes E-Mail-Fenster und fügen es so Ihrer E-Mail als Anhang hinzu.

Das sollen alle sehen

Flickr und Facebook

Sehr beliebt sind mittlerweile Internetdienste, mit deren Hilfe die kostenlose Veröffentlichung von Fotos im Internet schnell und unkompliziert ist. iPhoto ist für die populären Dienste *Flickr* und *Facebook* bereits vorbereitet. Wie das genau abläuft, zeige ich Ihnen beispielhaft für Flickr; der Dienst Facebook funktioniert im Wesentlichen genauso.

1. Um Fotos bei Flickr zu veröffentlichen, sollten Sie zunächst die Fotos in einem neu eingerichteten Album in iPhoto zusammenstellen.

2. Wählen Sie dieses Album aus und klicken Sie anschließend auf die Schaltfläche *Flickr* in der Werkzeugleiste von iPhoto.

3. Beim ersten Mal müssen Sie zunächst einen Account erstellen und Ihre Zugangsdaten eintragen.

4. Wenn Sie dies erledigt haben, erscheint ein Dialogfenster, in dem iPhoto Sie fragt, ob Sie das zuvor ausgewählte Album wirklich veröffentlichen möchten. In dem Aufklappmenü unter *Fotos sichtbar für* sollten Sie vorher noch festlegen, wer Ihre Fotos im Internet zu sehen bekommen soll. Klicken Sie anschließend auf *Veröffentlichen*.

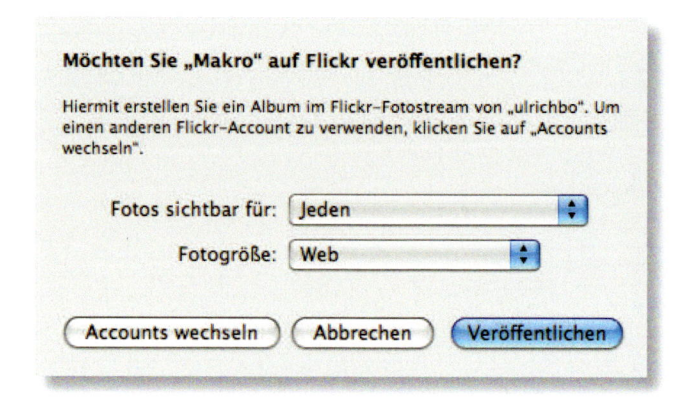

Das sollen alle sehen

Das war's auch schon. iPhoto lädt nun das Album auf Ihre Webseite bei Flickr und legt in der Seitenleiste eine neue Rubrik *FLICKR* an, unter der sich das veröffentlichte Album befindet.

Besonders praktisch an diesem Flickr-Album ist die automatische Angleichung der Daten bei Flickr mit Ihren Daten in iPhoto (im Fachjargon heißt das synchronisieren). Alle Änderungen, die Sie im Flickr-Album vornehmen, werden sofort auf Ihre Webseite bei Flickr übertragen. Wenn Sie also ein Foto in Ihrem Flickr-Album in iPhoto bearbeiten, wird die bearbeitete Version des Fotos automatisch ins Internet übertragen. Gleiches gilt auch für das Hinzufügen oder Löschen von Fotos. Sie können mit diesem Flickr-Album also arbeiten wie mit einem intelligenten Album.

Um zu sehen, wie Ihre veröffentlichten Fotos bei Flickr eigentlich angezeigt werden, reicht ein Klick auf die oben im iPhoto-Fenster eingeblendete Internetadresse.

> Um die Veröffentlichung eines Albums wieder aufzuheben, markieren Sie das Flickr-Album in Ihrer Seitenleiste und drücken die Rückschritttaste (←). Wenn Sie im dann angezeigten Dialogfenster auf »Löschen« klicken, wird das Album in Flickr nicht mehr gezeigt. Die Fotos verbleiben aber natürlich in Ihrer Mediathek.

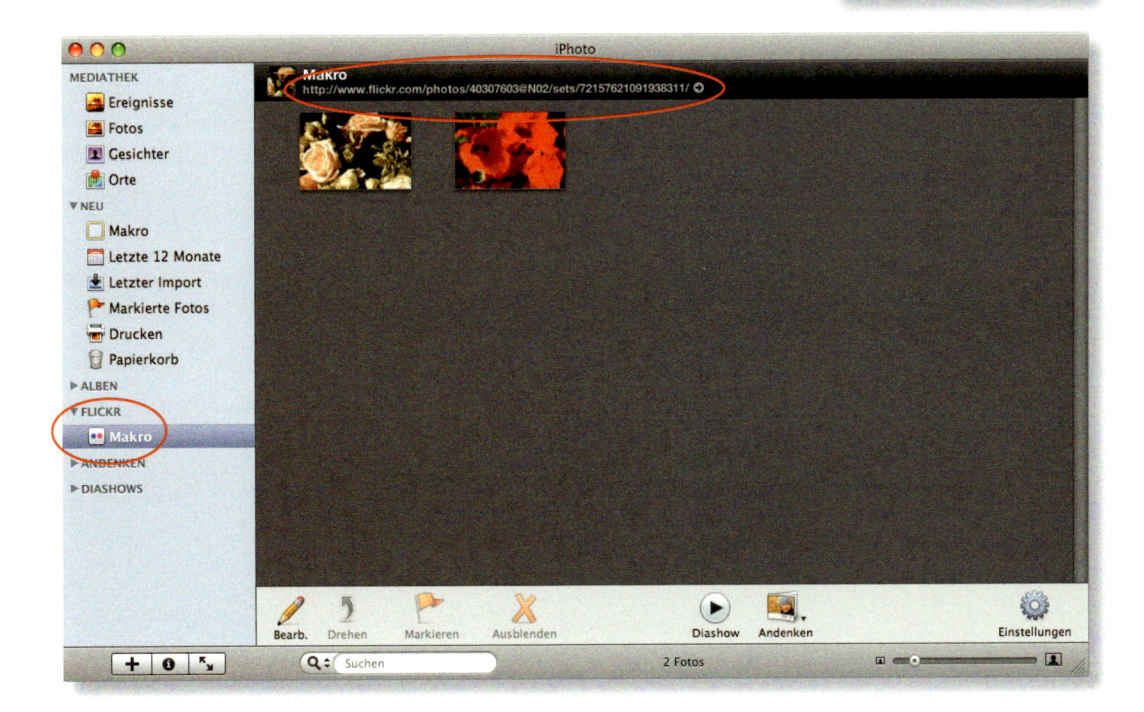

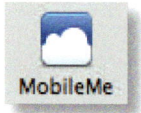

MobileMe

Auch Apple bietet einen eigenen (kostenpflichtigen) Service, mit dem Sie Ihre Fotos recht einfach im Internet veröffentlichen können: *MobileMe*.

In der Werkzeugleiste von iPhoto ist Ihnen der Button *MobileMe* sicher schon aufgefallen. Sobald Sie ein oder mehrere Fotos oder auch ein Album ausgewählt haben, lässt sich dieser Button anklicken.

Wenn Sie noch kein Mitglied sind, können Sie mit einem Klick auf *Weitere Informationen* mehr darüber erfahren und den Dienst sogar 60 Tage lang kostenlos testen.

Fotos auf den iPod oder das iPhone übertragen

Ihre Fotos lassen sich natürlich auch auf einen iPod oder ein iPhone laden. Allerdings wird dies standardmäßig nicht über iPhoto, sondern mithilfe des Programms iTunes durchgeführt.

> Die nachfolgenden Abbildungen bekommen Sie beim Anschluss eines iPods zu sehen. Sollten Sie ein iPhone verwenden, sehen die Bilder geringfügig anders aus.

1. Schließen Sie den iPod oder das iPhone mit dem mitgelieferten Kabel an Ihren Mac an. Starten Sie das Programm iTunes (sofern es nicht automatisch geöffnet wird).

2. In der Seitenleiste von iTunes sollte nun ein Symbol für das angeschlossene Gerät auftauchen. Klicken Sie es an.

3. Oben im iTunes-Fenster sehen Sie dann eine Leiste, in der Sie auf den Eintrag *Fotos* klicken.

4. Setzen Sie mit einem Mausklick ein Häkchen bei *Fotos synchronisieren von:* und wählen Sie anschließend *iPhoto* aus dem Einblendmenü aus.

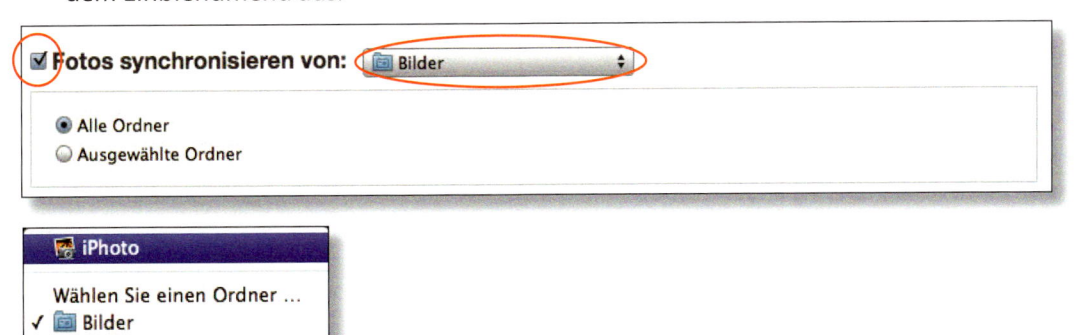

5. Sie haben nun die Möglichkeit, alle Fotos, Alben und auch Gesichter in Ihrer iPhoto-Mediathek für die Übertragung auszuwählen oder aber vorher einzelne Alben oder Ereignisse gezielt festzulegen. Für letzteren Fall klicken Sie auf den Optionsbutton *Ausgewählte Alben, Ereignisse und Gesichter*.

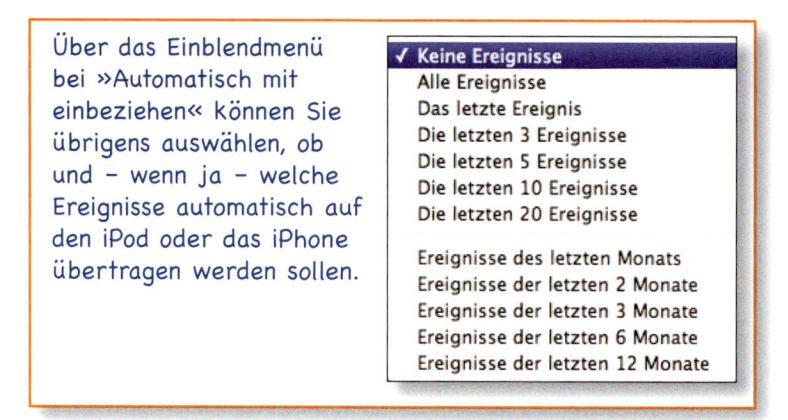

Über das Einblendmenü bei »Automatisch mit einbeziehen« können Sie übrigens auswählen, ob und – wenn ja – welche Ereignisse automatisch auf den iPod oder das iPhone übertragen werden sollen.

6. Im Fenster sehen Sie nun alle Ihre Alben, Ereignisse und Gesichter aus iPhoto aufgelistet, und Sie bestimmen mit einem Häkchen im jeweiligen Kästchen, welche dieser Alben oder Ereignisse übertragen werden sollen.

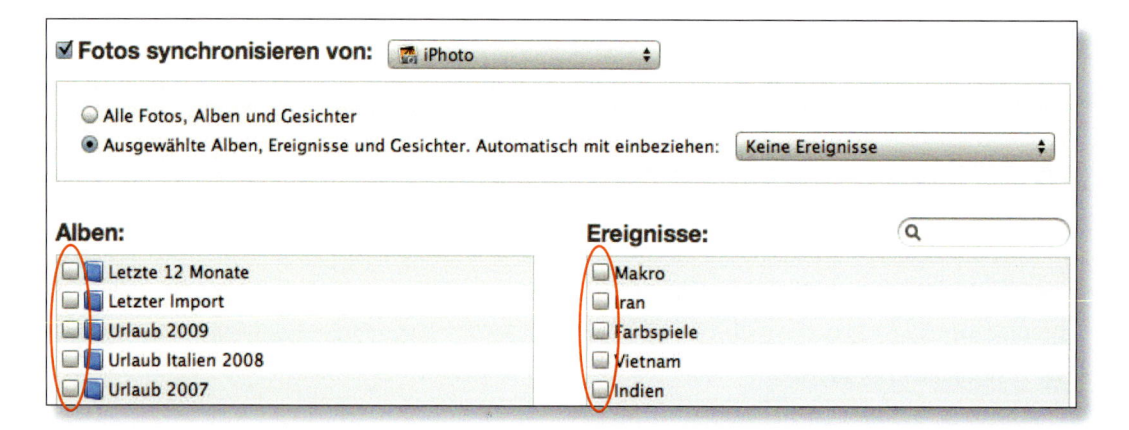

Das sollen alle sehen

7. Wenn Sie Ihre Auswahl getroffen haben, starten Sie den Übertragungsvorgang mit einem Klick auf *Anwenden* unten rechts im Fenster.

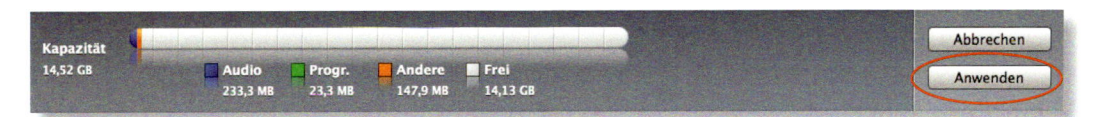

Die Anzeigeleiste informiert Sie über die Kapazität des angeschlossenen Geräts und macht optisch sichtbar, wie viel Platz auf dem iPod bzw. iPhone noch zur Verfügung steht.

Sobald die Übertragung beendet ist, sehen Sie oben im iTunes-Fenster eine entsprechende Meldung.

8. Klicken Sie auf das Auswurfsymbol in der Seitenleiste und trennen Sie das Gerät anschließend vom Mac.

> Wenn Sie Fotos, die Sie mit der Kamera Ihres iPhones aufgenommen haben, auf Ihren Mac übertragen möchten, empfiehlt sich die Übertragung mithilfe von iPhoto. Starten Sie zunächst iPhoto und schließen Sie das iPhone an den Computer an. Der Mac behandelt das iPhone dann wie eine Digitalkamera, und Sie können beim Fotoimport deshalb so wie bei der Anleitung auf Seite 86 vorgehen.

Anhang

iPhoto anpassen

Sie können das Programm iPhoto Ihren Wünschen anpassen. Dies geschieht über den iPhoto-Befehl *Einstellungen …*

Nachdem Sie diesen Befehl aufgerufen haben, öffnet sich ein Fenster, in dem Sie verschiedene Einstellungen vornehmen können. Die wichtigsten zeige ich Ihnen im Folgenden.

Wenn in der oberen Symbolleiste der Eintrag *Allgemein* aktiv ist, sieht das Fenster so aus:

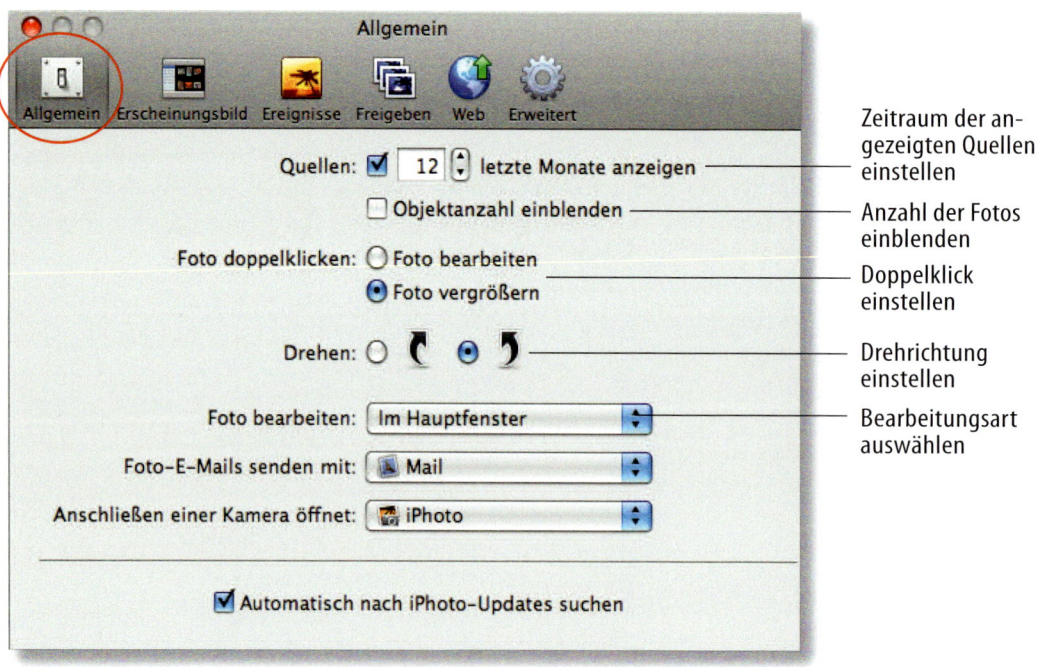

- Zeitraum der angezeigten Quellen einstellen
- Anzahl der Fotos einblenden
- Doppelklick einstellen
- Drehrichtung einstellen
- Bearbeitungsart auswählen

- Unter dem Eintrag *Quellen* legen Sie den Zeitraum fest, in dem eine Quelle in der Seitenleiste von iPhoto erscheinen soll.

- Wenn iPhoto die Anzahl der enthaltenen Fotos einer Quelle in der Seitenleiste anzeigen soll, setzen Sie mit einem Mausklick ein Häkchen bei *Objektanzahl einblenden*.

- Unter *Foto doppelklicken* stellen Sie ein, was passieren soll, wenn Sie ein Foto doppelt anklicken.

- Die Drehrichtung des Werkzeugs *Drehen* können Sie in diesem Fenster ebenfalls festlegen.

- Unter *Foto bearbeiten* können Sie bestimmen, wie iPhoto verfahren soll, wenn Sie ein Foto zur Bearbeitung aufrufen: *Im Hauptfenster*, *Im Vollbildmodus* oder sogar in einem ganz anderen Bildbearbeitungsprogramm (*Im Programm …*).

Wenn Sie in der oberen Symbollleiste den Eintrag *Erscheinungsbild* anklicken, können Sie verschiedene Einstellungen vornehmen, die vor allem das Erscheinungsbild der Fotos im Hauptfenster von iPhoto betreffen.

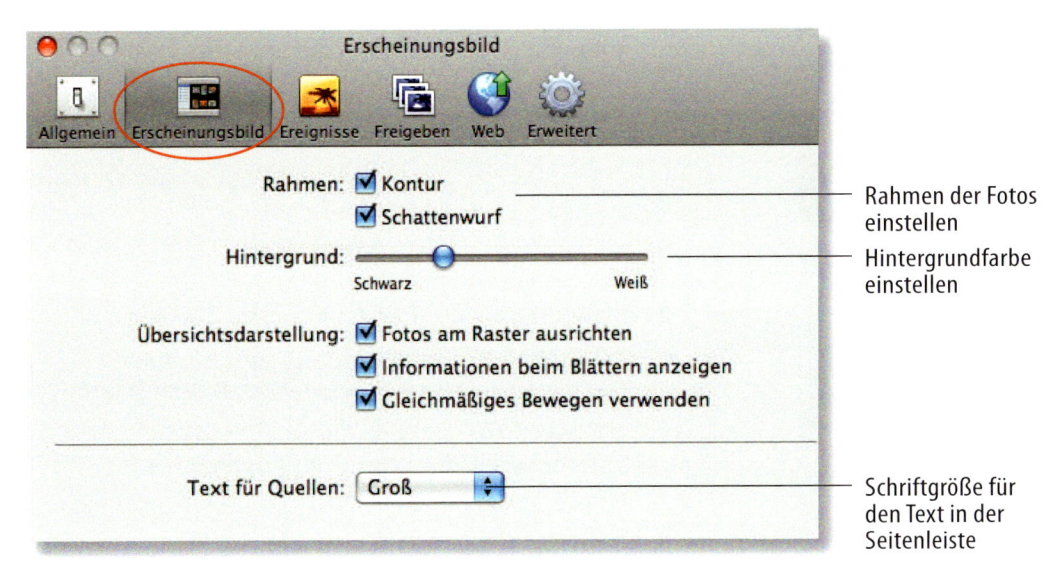

Anhang

Mit einem Mausklick auf den Eintrag *Ereignisse* in der Symbolleiste erreichen Sie die Einstellungsmöglichkeiten für die Ereignisse:

- Doppelklick einstellen
- Spiegeleffekt einblenden
- Zeitintervall für Ereignisaufteilung festlegen

Spiegel-Effekt

- Unter *Doppel-Klick auf Ereignis* stellen Sie ein, was iPhoto tun soll, wenn Sie doppelt auf ein Ereignis klicken. Standardmäßig werden dann die Fotos des jeweiligen Ereignisses eingeblendet.

- Wenn es Ihnen gefällt, können Sie einen Spiegel-Effekt bei der Ereignisanzeige auswählen.

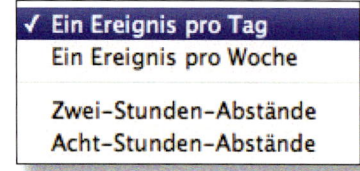

- Markieren Sie das Feld *Importierte Objekte aus dem Finder*, teilt iPhoto importierte Daten von Ihrer Festplatte (oder anderen Quellen als Ihrer Digitalkamera) entsprechend dem Datum der Aufnahme automatisch in Ereignisse. Im Auswahlmenü des Fensters bestimmen Sie das Zeitintervall, das ein Ereignis umfassen soll.

Dateiformate

Es gibt eine ziemlich große Anzahl von verschiedenen Formaten, in denen ein Foto abgespeichert werden kann. Damit Sie den Überblick behalten, stelle ich Ihnen die wichtigsten Dateiformate kurz vor.

JPEG

Das JPEG-Format ist sicherlich das gängigste Bildformat und wird von allen Digitalkameras verwendet. Eigentlich beschreibt der Name das Komprimierungsverfahren, das dahinter steht. Das Format erlaubt eine Reduzierung der Bildinformationen, die dem menschlichen Auge normalerweise verborgen bleibt. Diese Komprimierung ist also nicht verlustfrei. Deshalb sollten Sie eine eventuelle Bildbearbeitung immer mit einer Kopie der Originaldatei vornehmen und das Bild möglichst immer nur ein einziges Mal als JPEG-Datei abspeichern. Jedes erneute Speichern verschlechtert die Bildqualität.

> JPEG (sprich »dschäipäg«) ist die Abkürzung für »Joint Picture Experts Group«.

TIFF

Dieses Format gehört zu den verlustfreien Bildformaten, d. h., Sie können ein TIFF-Bild beliebig oft speichern, ohne dass Sie einen Qualitätsverlust befürchten müssen.

> TIFF ist die Abkürzung für »Tagged Image File Format«.

RAW

Mittlerweile erlauben einige Digitalkameras, insbesondere DSLRs, die Verwendung des RAW-Formats beim Speichern der Bilder. Das RAW-Format steht für die Rohdaten, die direkt vom Speicherchip der Kamera ohne Komprimierung oder Verarbeitung aufgezeichnet wurden. Wenn Sie ein RAW-Foto in iPhoto 09 importieren und erstmals im Hauptfenster bearbeiten, erscheint unten im Fenster die Kennung *RAW*. Sobald Sie die Bearbeitung mit einem Klick auf den Button *Fertig* abgeschlossen haben, speichert iPhoto die geänderte Datei als JPEG-Datei. Dabei bleibt die ursprüngliche RAW-Datei unverändert.

Anhang

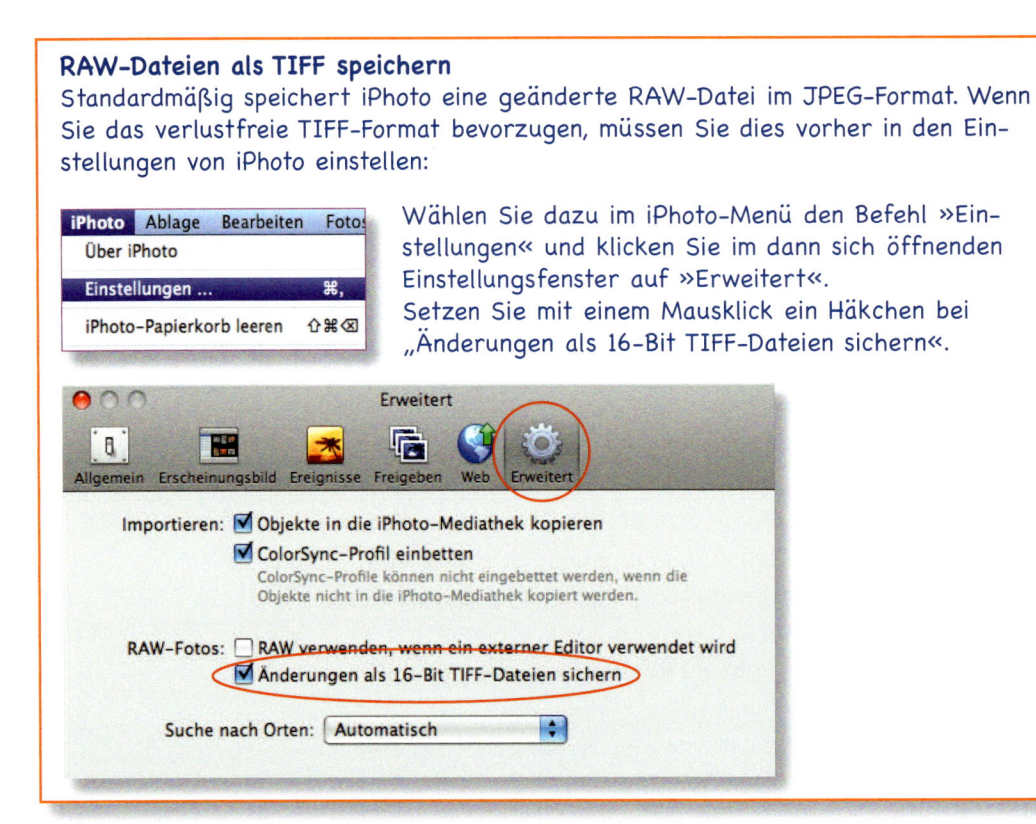

RAW-Dateien als TIFF speichern

Standardmäßig speichert iPhoto eine geänderte RAW-Datei im JPEG-Format. Wenn Sie das verlustfreie TIFF-Format bevorzugen, müssen Sie dies vorher in den Einstellungen von iPhoto einstellen:

Wählen Sie dazu im iPhoto-Menü den Befehl »Einstellungen« und klicken Sie im dann sich öffnenden Einstellungsfenster auf »Erweitert«.
Setzen Sie mit einem Mausklick ein Häkchen bei „Änderungen als 16-Bit TIFF-Dateien sichern".

PSD

Dieses programmeigene Format von Adobe Photoshop und Photoshop Elements ermöglicht das Abspeichern von Ebenen. Ebenen haben Sie ja bei der Bildbearbeitung mit Photoshop Elements bereits kennengelernt. PSD-Dateien können in iPhoto importiert werden, wobei die Ebeneninformationen erhalten bleiben, jedoch nicht separat dargestellt werden.

Anhang

Schablone für Papprahmen

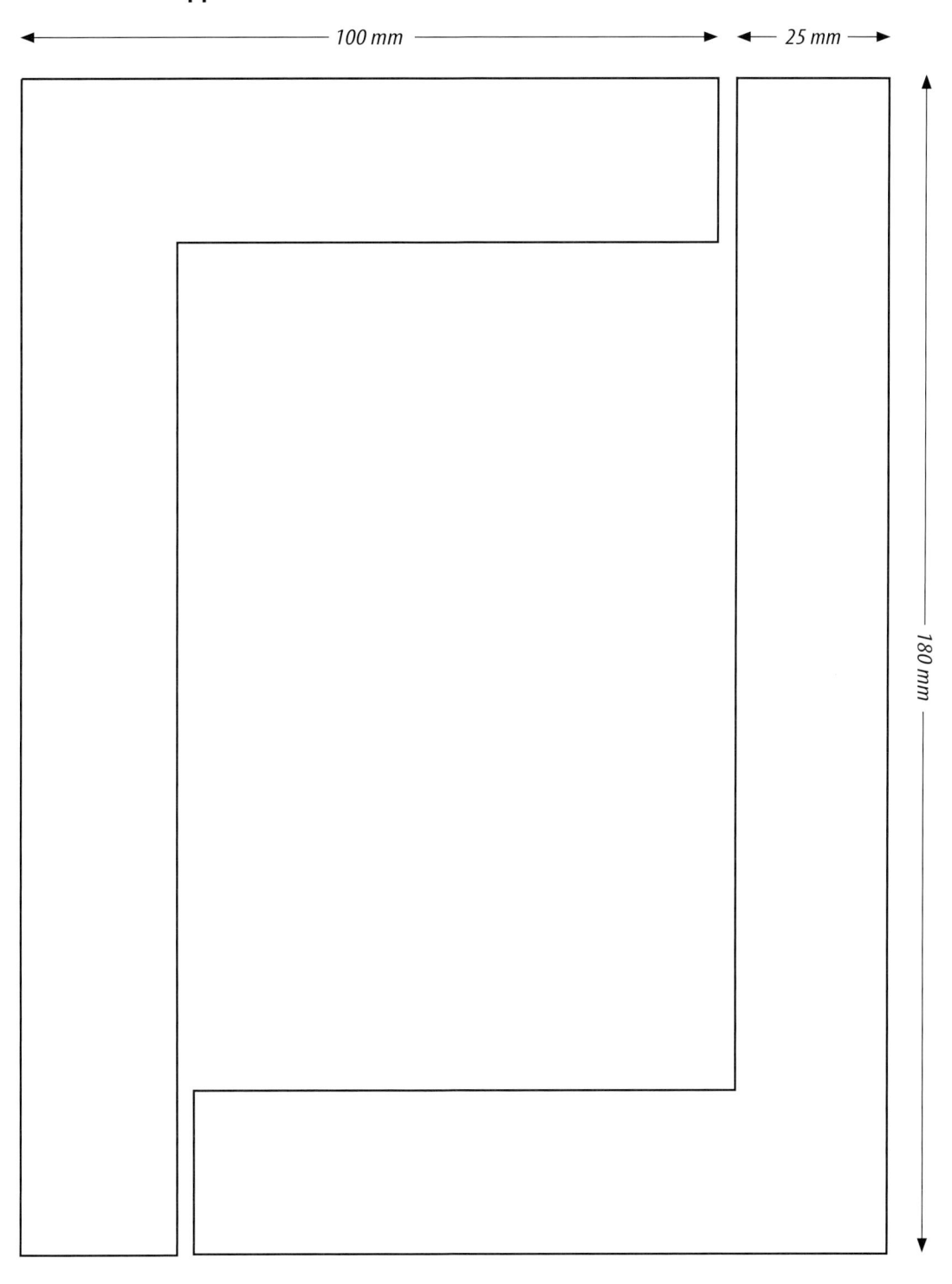

100 mm   *25 mm*

180 mm

219

Stichwortverzeichnis

A

Analog 10
Andenken 194
Anfasser 126
Anordnung 29
Antik-Look 111
Apple-Account 193
Architekturfotografie 67
Assistent 122
Aufnahmedatum 143
Aufnahmefehler 40
   falscher Bildausschnitt 41
   falscher Zeitpunkt 44
   fehlender Maßstab 42
   Messfehler 48
   schiefer Horizont 50
   störender Hintergrund 40
   stürzende Linien 49
   Unschärfe 46
   Verwackelung 47
   Wimmelbild 44
Aufnahmeort 147
Aufnahmestandpunkt 40, 44
Augenperspektive 31
Autofokus 46
Autofokus-Objektiv 10
Automatisch verbessern 96

B

Bearbeitungsmodus 93
Belichtungsmessung 48
Belichtungszeit 47
Betriebssystem 15
Bildaussage 23, 45
Bildausschnitt 24

Bildausschnittsfehler 41
Bildbearbeitung 30, 92
Bildkomposition 29
Bildschwerpunkt 29
Blitzlicht 13
Brennweite 13, 47

C

CD brennen 166

D

Dateiformate 217
Deutlichkeit 26
Diapositive 91
Diashow 175
   Effekte 180
   Einstellungen 179
   Musik 176
   Übergang 180
Diashow-Projekt 183
Digital 10
Drehrichtung 215
Drittelregel 29
Drucken 16, 187
Drucker 16
Druckprojekt 188
   Bildbeschreibung 190
   Hintergrund 190
   Layout 190
   Schriftart 191
   Schriftgröße 191
DSLR-Kamera 11
Duplikat 92
Durchsichteinheit 17
DVD brennen 166

E

Ebenen 125, 132, 218
Effekte 109
Eigener Stil 81
E-Mail 204
E-Mail-Anhang 205
Emotionen 35
Ereignis 85
Ereignisse aufteilen 216

F

Facebook 208
Falscher Bildausschnitt 41
Falscher Zeitpunkt 44
Fantasie 23
Farbbalance 104
Farbe 33, 35
Farbkontrast 36
Farbstich 103
Farbtintenstrahldrucker 16
Farbton 36
Filmnegativstreifen 91
Flickr 208
Format 30, 94
Fotoausrüstung 10
Fotobuch 194
   Buchtyp 195
   Schriftart 199
   Schriftgröße 199
Fotografisch sehen 20, 23
Fotokalender 200
Fotopapier 16
Fotos
   auf CD oder DVD brennen 166
   auf USB-Stick speichern 171
   ausdrucken 187
   automatisch verbessern 96
   begradigen 95
   Beschreibung 87, 143
   bewerten 143
   Darstellungsgröße 88
   drehen 94
   Duplikat 92
   E-Mail 204
   exportieren 168
   Farbbalance 104
   Farben intensivieren 105
   Farbstich entfernen 103
   Flickr 208
   freistellen 94, 122
   Größe 205
   Helligkeit verändern 101
   importieren 86
   Kontrast verändern 102
   mit Informationen versehen 142
   nach Namen anzeigen 164
   nach Orten anzeigen 153
   Ortsangabe 147
   retuschieren 98
   rote Augen entfernen 97
   scharfzeichnen 99
   Schlagwörter 143
   suchen 142, 146
   Tonwerte anpassen 106
   von einer Archiv-CD/DVD importieren 168
Froschperspektive 31

G

Geotagger 147
Gesichter 157
Gesichtserkennung 156
Gestaltungsaspekte 26
   Anordnung 29
   Bildkomposition 29
   Deutlichkeit 26
   Drittelregel 29
   Farbe 33

Format 30
Goldener Schnitt 29
Kontrast 36
Licht 33
Perspektive 31
Rhythmus 38
Ungezwungenheit 39
Gestellte Aufnahmesituation 39
Goldener Schnitt 29
Größenverhältnis 42
Grußkarte 202

H

Hauttonsättigung 106
Helldunkelkontrast 37
Helligkeit 36
Helligkeitswerte 100
Hintergrund 28
  störender 40
Histogramm 100, 102, 106
Hochformat 30

I

iLife '09 15
Indirektes Blitzen 13
Intelligentes Album 139, 164
Interesse am Motiv 23
iPhone 211
iPhoto 15, 84
  anpassen 214
  Anpassen (Schaltfläche) 99
  Antik-Look 111
  Bearbeitungsmodus 93
  Bildbearbeitung 92
  Diashow 175
  Diashow-Projekt 183
  Effekte 109
  Einstellungen 214
  Ereignis 85, 88
  Erscheinungsbild 215
  Farbbalance 104
  Farben in einem Foto intensivieren 105
  Farbstich entfernen 103
  Färbung 104
  Foto automatisch verbessern 96
  Foto begradigen 95
  Fotobuch 194
  Foto drehen 94
  Foto freistellen 94
  Foto importieren 86
  Fotokalender 200
  Foto retuschieren 98
  Foto scharfzeichnen 99
  Gesichter 157
  Grußkarte 202
  Helligkeit eines Fotos verändern 101
  intelligentes Album anlegen 139
  Kontrast eines Fotos verändern 102
  Mediathek 85
  neues Album anlegen 138
  Ordner anlegen 141
  Orte 147
  Papierkorb 142
  Papierkorb entleeren 142
  Pinnwand 160
  rote Augen entfernen 97
  Schlagwörter 143
  Schlüsselbild 88
  Startbildschirm 85
  starten 84
  Temperatur 104
  Tonwerte eines Fotos anpassen 106
  Vollbildmodus 174
  Werkzeugleiste 93
iPod 211
iTunes 211

J
JPEG 217

K
Kamera 10
Kartendarstellung 153
Ken-Burns-Effekt 176
Kompaktkamera 10
Kontaktbogen 188
Kontrast 36

L
Landschaftsaufnahmen 51
Licht 33
  diffuses 34
  Qualität 33
Lichteinfall 34
Lichter 106
Lichtverhältnisse 33, 43, 44

M
Mediathek 85
Messfehler 48
Messfokus 46
Ministativ 14
Mitteltöne 106
MobileMe 210
Motivsuche 51
Musik 176

N
Nahaufnahme 27, 64
Natürlichkeit 39
Neutrales Grau 103
Normalobjektiv 12

O
Objektiv 12
Ordner anlegen 141

P
Panoramafotografie 128
Papierabzüge 90
  online bestellen 192
Papierformat 188
Papierkorb 142
Papprahmen 24, 219
Perspektive 31
  Augenperspektive 31
  Froschperspektive 31
  Vogelperspektive 31
Perspektivische Verzerrung 49
Photoshop Elements 15, 113
  Arbeitsbereich 116
  Assistent 122
  Effekte 117
  Foto freistellen 122
  Foto öffnen 117
  Foto speichern 119
  Freistellungswerkzeug 127
  Optionenleiste 116
  Palettenbereich 116
  Panoramafotografie 128
  Projektbereich 116
  schnelle Farbkorrektur 120
  stürzende Linien korrigieren 123
  Werkzeugleiste 116
Pigment-Fotodrucker 16
Plastizität 28
Porträt 60
Präsentation 174
PSD 218

Q
Querformat 30

R
Räumlichkeit 28, 34
Rauschen 101
RAW 217, 218
Retuschewerkzeug 98
Retuschieren 98
Rhythmus 38
Rohdaten 217
Rote Augen entfernen 97

S
Sachaufnahmen 74
Sättigung 36, 105
Scanner 17, 90
Schärfentiefe 12
Schiefer Horizont 50
Schlagwörter 143
   bearbeiten 144
   umbenennen 145
Schlüsselfoto 88, 165
Schnappschuss 45
Schriftart 191, 199
Schriftgröße 191, 199
Schwarz-Weiß-Foto 110
Seherfahrungen 26
Shift-Objektiv 49
Speicherchip 10
Speichermedium 17
Spiegel 11
Spiegel-Effekt 216
Spiegelreflexkamera 11
Stativ 14, 47
Stitch-Pogramm 128
Strukturen 74
Stürzende Linien 49, 123

Sucher 11
Suchkriterium 147
Synchronisieren 211

T
Tageszeit 34
Teleobjektiv 12
Themen 176
Tiefen 106
Tiefenschärfe 28, 40
TIFF 217
Tonwerte 106
Tonwertkorrektur 106
Tonwertkurve 107

U
Ungezwungenheit 39
Unschärfe 28, 46
USB-Stick 17

V
Verwackelung 47
Vignette 112
Visuelle Information 20
Vogelsperspektive 31
Vollbildmodus 174

W
Weitwinkelobjektiv 12
Werkzeugdurchmesser 98
Werkzeugleiste 93
Wetterverhältnisse 43
Wiedergabeliste 177
Wimmelbild 44

Z
Zoomobjektiv 13
Zweidimensionale Darstellung 28